あたまと心で考えよう

SSTワークシート 2
ソーシャルスキルトレーニング

自己認知・コミュニケーションスキル 編

編著 NPO フトゥーロ
LD発達相談センターかながわ

かもがわ出版

装丁イラスト・デザイン／近藤理恵

本文デザイン／佐藤 匠
　　　　　　　須藤圭子

本文イラスト／ホンマヨウヘイ

はじめに

　2009年と2010年に刊行した『SSTワークシート 自己認知・コミュニケーションスキル編』と『SSTワークシート 社会的行動編』は、刊行から15年余りが経ちましたが、現在まで家庭、学校、療育機関、放課後等デイサービスなどで広くご活用いただき、大変うれしく思っています。

　身近に感じられるエピソードが豊富であるなど、内容を評価していただいたことに加え、コピーすればすぐに使えるという手軽さも、フトゥーロのSSTワークシートを長く使っていただいている大きな理由かと思います。しかし、スタッフも指導場面で、何度も使っているうちに、時代の移り変わりによって子どもたちの困りが多様化し内容をつけたす必要性を感じていました。

　SST（ソーシャルスキルトレーニング）という言葉の中の「ソーシャルスキル」の定義については、今回も私たちは既刊と同様に「その人が属している集団（学校など）の中で求められている適切な言動がとれる技能」ととらえて取り組みました。まず、既刊同様にワークの構成の土台となっている「SSTチェックリスト（フトゥーロ版）」の見直しからスタートし、項目数は48から54に増えました。そして、すべてのチェックリスト項目に対応したワークを作成しました。チェックリストを使って子どもの状況を把握し、どのワークをおこなえばいいかチェックリストとワークの対応も見直しました。

　このワークの対象は、日常の経験だけでは年齢相応の社会性やコミュニケーションのスキルを身につけにくい、発達に特性や偏りのある子どもたちです。そのような子どもたちがスキルを学び、普段の生活でも使えるくらい定着させていくためには、ある程度の回数や期間をかけて学んでいく必要がありますし、「ワークシートに書き込む」という形式以外の活動（ロールプレイやゲーム形式、学んだことを家庭でもやってみるなど）も取り入れていきたいところです。今回、SSTの取り組みに不慣れな先生方にとっても、事例を紹介することで、ある程度の時間をかけた実践をイメージしやすいワークにしたい、というのも大きな動機の一つでもありました。既刊のワークのような、エピソードを読んで考える形式だけではなく、学びの導入に使えるワーク、実際の活動を伴うワークなどさまざまな種類を掲載することで継続して取り組めるように工夫しました。

　対人関係やコミュニケーションに困り感を持っている子どもたちが、本書で紹介されているワークで学び、先生方や親御さんのオリジナルの実践を通して困り感が軽減し、毎日の生活をのびのびした気持ちで楽しく送れるようになることを心から願っています。

※本書では、チェックリストの領域Ⅰ（自己認知スキル）、領域Ⅱ（会話の態度・流暢さ）に対応するワークを掲載しており、領域Ⅲ以降は『SSTワークシート2 社会的行動編』に掲載予定です。

ワークシートの使い方 How to Work Sheet

　このワークは、個別形式、小グループ、学級などさまざまな人数で用いることができます。個別形式でおこなうとその子どもの感じ方を細かく把握しやすいというメリットがありますし、複数人でおこなうと、他の子どもの意見や見方にも触れることができるというメリットがあります。

ワークの概要

　ワークには①知識系、②エピソード系、③活動系、④コラムの4種類あり、もくじにはそのワークがどの種類にあたるかが書かれています。その種類によって使い方が異なりますので、指導に用いる際にはそのワークの解説ページをよく読んでからおこなうようにしてください。

1 知識系

　チェックリスト項目にある内容について、概要的なことを知識として学ぶためのワークです。まだ、その内容をあまり学んだことがない子どもの場合や、何回かかけて学んでいくことを考えている場合は知識系ワークからおこなうと、その後のエピソード系や活動系を通しての学びも深まりやすいでしょう。

2 エピソード系

　具体的な出来事を通して、どういう行動をとるのが好ましいか、自分だったらどう感じるかなどを考えていきます。同じ出来事でも、受け止め方や感じ方はさまざまですので、集団形式で学び、お互いの解答を紹介しあえると、いろいろな見方を知ることができるのでおすすめです。解説ページには多くの人が正解だと感じられるものを解答例として記載してありますが、選択肢式の問いでも記述式の問いでも答えは一つではありません。

　解答例とは異なる視点での答えや、選択肢にはない答えを子どもが出したときには、どうしてそのように答えたのかを話してもらうことで、その子どもの考え方の傾向がわかるかもしれませんし、ユニークな観点の答えが聞けるかもしれません。それぞれのワークの選択肢にはフリースペースがありますので、事前に選択肢をつけたしたい時や選択肢にない答えを子どもが書くなどに使ってください。エピソード系ワークの多くのものでは、ページの最下部に記述欄が設けてありますが、そのワークのまとめを書くための箇所です。学んだことが印象に残り普段の生活にも取り入れられるように、解説ページを参考にして何か書いて（あるいは代筆して）、学びを終わるようにしましょう。

❸ 活動系

　プリントを使って学ぶことではなく、知識系やエピソード系ワークで学んだことを体験しながら定着させることを目的としたワークです。お題カードをコピーするなど、ワークをコピーする以外の準備が必要ですが、机上の学習だけでは深まりにくい実際のコミュニケーションを通した経験が得られます。

　各ワークにはやり取りした内容の記録や感想を書く欄がありますので、知識系やエピソード系同様、子どもが持ち帰ったり保管しておくことができます。

　各ワークは、子ども自身が読んでわかるような書き方や表現になっていますが、そこに書かれている〈進め方〉などは概要的なものですので、活動系のワークをやる際には、知識系やエピソード系をおこなうとき以上に、大人がよく読んでからはじめてください。

❹ コラム

　大人向けの読みものです。同じテーマに沿った活動をいくつか紹介しています。上記❶❷❸とは異なり、子どもが使用するためにコピーすることはありません。さらに深く学ぶときなどに用いてください。

ワークを使って学ぶときの流れ

　知識系とエピソード系のワークは、その子どもの苦手なところが把握できている場合や時間が限られている場合は単発の活動としておこなってもよいでしょう。しかし、ワークを通して学んでいることを子どもがしっかり意識し、般化（ほかの場面でも活かせるくらい定着していること）をめざしていくのであれば、以下のような流れでおこなうと、より指導効果を期待できるでしょう。

❶ 状況の把握

　チェックリスト（p.7〜8）で確認し、その子どもがまだできていないこと、練習が必要なことを把握するようにしましょう。指導を経ての変化を確認するためにも指導開始にあたって状況を把握することはとても大切です。チェックリストを使った評価は、４段階評価くらいで大まかにつけてみましょう。

　指導前と指導後の２回分チェックする欄があります。

4	援助なしでおこなえる
3	だいたいの場面で、または少しの援助でおこなえる
2	多くの援助があればおこなえる
1	多くの援助があっても、おこなうのが難しい
0	そういう場面を経験していない、おこなえるかわからない

❷ ワークを選ぶ

　チェックリストをつけることで、その子どもの課題が把握できたらどのワークに取り組むかを決めます。目次にはそのワークが対応しているチェックリストの番号も書かれています。

　個別指導の形態でおこなう場合は、チェックリストで該当する番号のワークから、知識系→エピソード系→活動系と進んでいくとよいでしょう。

　複数の子どもとおこなう場合は、課題が共通しているとは限らないのでピンポイントでワークを選ぶのが難しいかもしれません。そのような場合は、まずチェックリストの領域Ⅰ〈自己認知スキル〉のワークからやっていくようにするとよいでしょう。子どもの年齢によってどのワークがちょうどよいかは異なりますが、子ども自身が自分の好き・嫌いや、得意・不得意をおおよそわかっていると、その後の指導が進めやすくなります。また、領域Ⅰの大きなテーマである「自己理解」と絡めて、自分以外の子どもについても目を向けていくことはその集団の関係性を深めていくことにもつながります。自己理解を深めつつ、領域Ⅱ〈コミュニケーション態度・流暢さ〉に進んでいくと、どのワークをするといいか選びやすくなるでしょう。

　ある程度の期間、継続的に取り組んでいく際のワークの順番や組み合わせについては、事例紹介（p.12～22）のページも参照してください。

❸ 般化を意識してワークに取り組む

　事前に大人が解説のページもよく読んでから、実際に取り組みます。対象の子どもが記入しやすいサイズに、適宜拡大コピーして使ってください。読み書きが苦手な子どもの場合は、大人が代読、代筆するとよいでしょう。学び終わったワークは、ファイルにとじていくようにすると、あとで見返すことができます。

　指導の開始にあたってチェックリストをおこなった場合などは、数か月ごとに見返したり再度チェックしてみましょう。また、子どもに大人から見た成長を伝えることで子ども自身が自分の変化を感じられると、ワークでの学びを継続する動機にもなるでしょう。

　ワークに取り組むことを通して、解決方法を考えられたり、「やってみよう！」と思えたことがあれば、学校や家庭など普段の生活でそれが実践できるように、活動系ワークやコラムに紹介されている活動にもぜひ取り組んでください。一般的な遊び（トランプやウノ、ドッジボールなど）でも、事前に目標を決めた上で取り組めば、スキルの習得につながり、般化につながる活動になるでしょう。

ソーシャルスキルチェックリスト〈フトゥーロ編〉

			1回目	2回目
自己認知スキル		**Ⅰ 自己認知スキル**	1回目	2回目
	1	ボディイメージ（自分の体の大きさや体の動かせる範囲）がわかっていて、人やものにぶつからずに動ける。		
	2	家族の仕事やきょうだいの学年、祖父母・叔父母・従兄弟等親族関係を理解している。		
	3	自分の好きなことや嫌いなことが言える。		
	4	喜怒哀楽や不安など、自分の気持ちがわかっていて、必要な時には伝えられる。		
	5	自分の学習面での得手不得手、性格の長所や短所、学校の役割の向き不向きなどがわかっている（4年生までは学習面での得手不得手まで）。		
	6	自分の言動の振り返りができ、それをふまえて自分の行動を変えようとする。		
コミュニケーションスキル		**Ⅱ 会話の態度・流暢さ**	1回目	2回目
	7	あいさつをされたら、相手を見て聞こえる声であいさつを返すことができる。		
	8	話しかけられたら注意を向け、話が終わるまで黙って聞くことができる。		
	9	返事、相づち、質問などをしながら話を聞くことができる。		
	10	会話中に相手の様子を見ながら、一方的にならずに話すことができる。		
	11	経験したことや状況などを順序立てて話すことができる。		
	12	考えや気持ちを、理由をつけて話すことができる。		
		Ⅲ ノンバーバルコミュニケーション	1回目	2回目
	13	相手との関係や性別などをふまえて、過度に近づきすぎずにやりとりをすることができる。		
	14	相手の気持ちを表情や声の調子から読み取ることができる。		
	15	自分の気持ちを表情や声の調子で表現することができる。		
	16	その場にあった声の大きさで話すことができる。		
	17	目配せ、手による制止など身振り手振り、仕草の意味がわかる		
	18	SNSを利用する上で必要なマナーが身についている（返信頻度やスタンプ・絵文字の適切な使用など）。		
		Ⅳ 相手の立場や気持ち、あいまいな表現の理解	1回目	2回目
	19	相手の状況を見て話しかけることができる（しつこく何度も誘う、会話に割って入る、忙しい人に話しかけるなどのことがない）。		
	20	うれしい気持ちや楽しい気持ちを伝えたいとき、相手の気持ちを害さないような言い方や表現ができる（自慢しすぎないなど）。		
	21	自分と相手の感じ方がちがうことがわかる。相手がいやだと思うことを言ったりやったりしない。		
	22	相手に合わせた適切な表現を使うことができる（目上の人には敬語、年下にはかみくだいた表現、同級生や親しい人にはていねいすぎないなど）		
	23	冗談、誇張、比喩など、強調するための表現を理解することができる。		
	24	所属する集団における言外の意味（ことばの省略・含み・暗黙の了解など）を理解することができる。		

Ⅴ 集団参加（学校、家庭、地域）		1回目	2回目
25	頼まれたことや任された役割を果たそうとする。		
26	決められたやり方やルールに沿って参加することができる。		
27	自分から相手に声をかけたり、加わってほしい相手を誘うことができる。		
28	やめるときや断る時は、適切なタイミングで伝えることができる。		
29	一定の時間、集団の遊びや活動に参加し続けることができる。		
30	初めての活動でも、抵抗感なく参加できる。		
Ⅵ 遊びへの参加		1回目	2回目
31	遊びやゲームでほかの人たちとペースを合わせたり、協力的な態度で参加することができる。		
32	遊ぶ順番やチームなどを決めるときに、自分の決め方にこだわらずに、やり始めることができる。		
33	カードゲームなどで基本的なルールやマナーを守ることができる（順番を守る、他の人のカードを見ない、自分のカードを見せないなど）		
34	勝敗のある遊びの途中で、負けそうになってもずるをしたり勝手にルールを変えたりせず、参加し続けることができる。		
35	多人数での遊びや活動に、興奮しすぎずに参加できる。		
36	カードゲームなどであがったときに、まだやっている人たちの遊びをじゃませず、その場にいつづけることができる。		
Ⅶ 助言の受け入れ・意見の提案・相談		1回目	2回目
37	大人や友だちからの助言を聞くことができる。		
38	話し合いの場面で、対立した意見が出ても聞くことができる。		
39	遊びや活動の内容を提案することができる。		
40	自分の意見が選ばれなくても、気持ちを切り替えてそのあとの活動に参加できる。		
41	助けが必要な人を見つけたら、手伝いを申し出ることができる。		
42	意見が分かれたときや、トラブルが起きたときに、大人に相談したり、解決法を提案したりできる。		
Ⅷ 共感的態度		1回目	2回目
43	何かをしてもらったときにお礼を言ったり、感謝の気持ちを言葉、手紙、プレゼントで伝えることができる。		
44	チーム単位で勝敗のある遊びをしている時に、チームが勝てるように積極的に参加することができる。		
45	チーム単位で勝敗のある遊びをしている時に、仲間への声援、拍手、ハイタッチなど協力的な態度で参加することができる。		
46	友だちや家族をほめたり、よい所を見つけたりすることができる。		
47	友だちや家族が元気がないときや失敗したときに、励ましたりなぐさめたりすることができる。		
48	友だちや家族が元気がないときや失敗したときに、必要に応じて見守ることができる。		
Ⅸ マイナス場面への適切な対応			
49	自分の間違いを認め、報告したり、謝ったりすることができる。		
50	自信がないときやイライラしたときでも、落ち着いて自分の考えを伝えることができる		
51	自分にとって負担となる、過剰なまたは不適切な要求を断ることができる。それができないときには身近な人に相談することができる		
52	相手の意見に反論したいときに、相手の気もちを害さないような言い方や表現ができる		
53	思い通りにいかない時に、妥協や思考の転換ができる。		
54	集団参加が心理的につらくなったとき、周囲に伝えたうえでその場を離れることができる。		

ソーシャルスキルチェックリスト〈フトゥーロ編〉

SSTワークシート2 ソーシャルスキルトレーニング 目次

自己認知・コミュニケーションスキル 編

＊対象年齢表記：〈低〉低学年、〈中〉中学年、〈高〉高学年
種類：〈知〉知識系、〈エ〉エピソード系、〈活〉活動系、〈コ〉コラム
領域：Ⅰ〜Ⅳ「ソーシャルスキルチェックリスト　フトゥーロ編」参照
Ⅰ-1 などはチェックリストの番号と対応しています。

1. 自己認知スキル

Ⅰ 自己認知スキル

Ⅰ-1
❶ おためしボディイメージ 〈低/知〉…52
❷ じょうずに目的地まで歩くには？〈低/エ〉…53
❸ ボディイメージを育てよう 〈中/活〉…54
❹ やってみよう！
　ボディイメージの発達をうながす遊び 〈コ〉…56

Ⅰ-2
❺ 身近な親せき 〈低/知〉…58
❻ 家族との〇〇なこと 〈低/知〉…59
❼ いつもやさしいおばあさん 〈中/エ〉…60

Ⅰ-3
❽ 好きなこと、きらいなことの変化 〈中/エ〉…61
❾ 好きときらいを紹介しあう 〈低/活〉…62
❿ 好きなことが同じ人と話そう 〈中/活〉…63

Ⅰ-4
⓫ 気もちマップ 〈高/知〉…64
⓬ どんなときにこの気もち？〈中/知〉…66
⓭ どれくらいドキドキする？〈低/エ〉…67
⓮ 自分の気もちの重みづけ（うれしさ、いやさの度合い）〈中/エ〉…69

Ⅰ-5
⓯ とく意なこと、苦手なことがあるのは大事！〈中/知〉…71
⓰ よくないところ（短所）かもしれないけれど①〈中/エ〉…72
⓱ よくないところ（短所）かもしれないけれど②〈中/エ〉…73
⓲ どっちのほうが強いかな①〈高/エ〉…74
⓳ どっちのほうが強いかな②〈高/エ〉…75
⓴ 自分のいいところさがし①（学校編）〈高/活〉…76
㉑ 自分のいいところさがし②（家庭編）〈高/活〉…77
㉒ 自分の苦手なところさがし（学校・家庭の場合）〈高/活〉…78
㉓ 今の自分はこんな感じ！シート 〈高/活〉…79

Ⅰ-6
㉔ 片づけが苦手な人へのアドバイス 〈中/活〉…80
㉕ 後まわしにしないために（長期休みの過ごし方）〈高/活〉…82
㉖ 長期休み中の生活ふり返り 〈高/活〉…84

2. コミュニケーションスキル

Ⅱ 会話の態度・流暢さ

Ⅱ-7
㉗ あいさつはなぜ大事なの？〈低/知〉…88
㉘ 友だちが家に遊びに来たとき 〈中/エ〉…89
㉙ 先生にあいさつを返す 〈低/エ〉…90

Ⅱ-8
㉚ Aさんの会話の仕方はどうかな 〈中/エ〉…92
㉛ 聞くことが苦手な人へのアドバイス 〈中/活〉…93
㉜ 質問はどのタイミングでしてもらいたい？〈中/活〉…94
㉝ 聞くことと話すことが練習できるゲーム 〈コ〉…95

Ⅱ-9
㉞ じょうずに会話ができるポイント（初級編）〈低/知〉…98
㉟ 先生の話がわからなくなったとき 〈低/エ〉…99

㊱ やりとりを深めよう ことばのチップ
　〈中/活〉…100

Ⅱ-10
㊲ じょうずに会話ができるポイント（上級編）
　〈中/知〉…101
㊳ 話し合いリーダーにチャレンジしてみよう
　〈中/活〉…103
㊴ 「場の雰囲気」とは何でしょう？〈高/知〉…105
㊵ 相談を勝手に進めてしまう子〈中/エ〉…106
㊶ 遊ぶ約束をするときは……〈中/エ〉…107
㊷ 相談しながら、ならべかえクイズに挑戦
　〈中/活〉…108

Ⅱ-11
㊸ わかりやすく話すには　その①〈中/エ〉…110
㊹ わかりやすく話すには　その②〈中/エ〉…111

㊺ わかりやすい順番で話す（好きなこと紹介）
　〈中/活〉…112
㊻ ポイントをつかんで話そう
　10文字早当てクイズ〈中/活〉…114
㊼ 順序だてて説明することが練習できるゲーム
　3つ〈コ〉…116

Ⅱ-12
㊽ 相談や話し合いでは理由も言おう
　〈中/エ〉…119
㊾ 自分についてのいろいろなこと
　（理由の言い方①）〈低/活〉…120
㊿ 自分についてのいろいろなこと
　（理由の言い方②）〈低/活〉…121
51 ディベートしてみよう①〈中/活〉…122
52 ディベートしてみよう②〈中/活〉…123

Ⅲ ノンバーバルコミュニケーション

Ⅲ-13
53 人とすごすときのちょうどいいきょり
　〈低/知〉…124
54 だれかのパーソナルスペースに入るとき
　〈低/知〉…125
55 あまり親しくないのに近すぎない？
　〈低/エ〉…126
56 異性とのきょり、近すぎない？〈中/エ〉…127

Ⅲ-14
57 相手の顔や声を気にかけよう
　その①（表情を知ろう）〈中/知〉…128
58 相手の顔や声を気にかけよう
　その②（声色を知ろう）〈中/知〉…129
59 絵の具を貸してくれた友だちの気もち
　〈中/エ〉…130
60 家族や友だちの様子をよく見よう
　〈中/エ〉…131

61 気もちの表現と読みとりが練習できるゲーム
　〈低/活〉…132

Ⅲ-15
62 ちょうどよくあやまろう
　「ごめんなさいゲーム」〈中/活〉…134
63 いろいろなありがとうの伝え方
　「ありがとうゲーム」〈中/活〉…135
64 相手に伝わるようにノーと言おう①
　〈高/活〉…136
65 相手に伝わるようにノーと言おう②
　〈高/活〉…137

Ⅲ-16
66 聞きとりやすい話し方①声の大きさについて
　〈中/活〉…138
67 聞きとりやすい話し方②速さについて
　〈中/活〉…139
68 聞きとりやすい話し方③明瞭さについて
　〈中/活〉…141

Ⅲ-17
- ㊷ ことば以外の情報の意味〈中/知〉…142
- ㊸ こんなときのサインの意味は？〈中/エ〉…143
- ㊹ 視線で相手に情報を伝えたり、相手の意図を判断することが練習できるゲーム〈コ〉…144

Ⅲ-18
- ㊺ インターネットの基礎知識（メリットとデメリット）〈中/知〉…146
- ㊼ チャットアプリのコミュニケーションマナー〈高/知〉…147
- ㊾ グループチャットで誤解されちゃった…〈高/エ〉…149
- ㊿ 実際には会ったことのない友だちに…〈高/エ〉…150
- ㊽ 既読無視して絶交された〈高/エ〉…151

Ⅳ 相手の立場や気もち、あいまいな表現の理解

Ⅳ-19
- ㊼ しつこくすると、どうなるのかな〈低/エ〉…152
- ㊽ 相手に話しかけるコツとは〈中/知〉…153
- ㊾ カルタづくりのときに〈中/エ〉…154
- ㊿ 急に会話に入らないで〈中/活〉…155
- 81 探ていビンゴ〈中/活〉…157

Ⅳ-20
- 82 うれしい気もちを伝えよう〈中/知〉…158
- 83 ほめられてうれしいときは…〈中/エ〉…159
- 84 よく知らない人に言い続けても…〈中/エ〉…160
- 85 テーマパークに行ってきた話を聞いて！〈中/エ〉…161

Ⅳ-21
- 86 自分が気にならなくても〈中/知〉…162
- 87 なぜか相手をおこらせてしまうＡさん〈中/知〉…163
- 88 なぜ言わないほうがいいの？本当のことなのに①〈高/知〉…164
- 89 なぜ言わないほうがいいの？本当のことなのに②〈高/知〉…165
- 90 ひそひそ話をされた子の気もちは〈低/エ〉…166
- 91 プレゼント交かんのマナーとは〈中/エ〉…167
- 92 知っているゲームのルールだと聞こうとしない〈中/エ〉…168
- 93 声をかける？見守る？〈高/活〉…169
- 94 気もちくらべシート〈低/活〉…171

Ⅳ-22
- 95 ていねいな言葉に言いかえてみよう〈中/知〉…172
- 96 この人にはどんな言い方？①〈中/知〉…173
- 97 この人にはどんな言い方？②〈中/知〉…174
- 98 ていねいすぎるとかえって〈中/知〉…175

Ⅳ-23
- 99 会話をおもしろくするために（冗談、誇張、比喩）〈中/知〉…176
- 100 冗談、誇張、比喩がふくまれた会話〈中/知〉…177
- 101 強調がよく伝わるのはどれ？〈中/知〉…179

Ⅳ-24
- 102 なんて言ってもらいたいのかな？〈低/知〉…180
- 103 「言外の意味」って？「暗黙の了解」って？〈高/知〉…181
- 104 「ということで」「だいじょうぶ」って？〈中/知〉…182
- 105 相手は今どんな気もち？〈中/エ〉…183
- 106 家族との生活で〈中/エ〉…184

- ●はじめに …3
- ●ワークシートの使い方 …4
- ●チェックリスト …7
- ●もくじ …9
- ●指導事例（紹介／NO.1～3）…12
- ●解答・解説 …23
- ●付属シート …185

指導事例紹介

　ソーシャルスキルの指導はさまざまな場所や規模でおこなうことができます。フトゥーロでおこなっている指導は大きく分けて以下のようなものがあります。

> **指導形態①**　子どもと指導者と1対1の個別指導（指導時間50分）
>
> **指導形態②**　子ども一人に対しで指導者が一人付きつつ、一度に子どもが2～3人程度一緒に活動する指導（グループ個別と呼んでいます）（指導時間50分）
>
> **指導形態③**　子ども4～8人程度に指導者が2～4人つくグループ指導（90～150分）

　子どもの年齢やタイプ、課題、来所可能な回数などによって、よりよいプログラムを検討しおこなっています。

　このワークでご紹介する活動が実際の指導場面でどのように進められているかイメージが持てるよう、3つの指導事例（p.14～22）を紹介しています。それぞれの事例で指導の概要と、おこなったいくつかの指導内容を示してあります。

　同じ活動は飽きないように2～3回で終えることが多いです。その場合、2回目はルールを発展させることもあります。また、ルールを覚えて子どものゲームのレパートリーを増やすことが目的でしたら、例えばウノやトランプの大富豪などは短時間で繰り返すとよいでしょうし、市販のゲームで遊んだ後、自分たちのオリジナルのゲームを話し合って作り、遊ぶことはメンバー同士の関わりの動機づけを高めます。そのような目的の場合は継続しておこなったり、しばらく間をあけてからおこなうこともあります。また「協力」や「相談」といった目的を話し合いやゲーム、制作と異なる活動でおこなうと、子どもの中で般化する機会にすることもできます。みなさんの実践の参考になればと思います。

指導事例No.1／小学2年生男児Aさん（指導形態③）

毎週1回90分、5名でのグループ指導（指導者は3名）

①始まりの会（20～30分）　各自用具を机に中に入れ、出席シールをはり目標を確認、出席後、「聞く・話す」ことをねらいとしたことばのゲームなどを全体でおこなう。

②がんばりタイム（20～30分）　個別的な時間。指導者と1対1、または1対2でワークシートやカードゲームなどを通して個々の課題に合わせた活動をおこなう。

③休み時間（5～10分）　トイレ、水分補給のほか、自由に過ごしたり、短時間で終わるゲームをおこなう。

④グループタイム（20～40分）　全体で動きのあるゲームまたは工作、特別活動に向けての話し合いなどをおこなう。

⑤終わりの会（5～10分）　各自ふり返り、片付け後、全体で読み聞かせや一言発表などをおこなう。

指導事例No. 2／小学４年生男児Bさん（指導形態②）

隔週で、月２回50分、指導者と１対１の時間が35分、他の子ども２名と合わせて活動する時間が15分程度（指導者２名）

①準備（5分）
用具を机の中に入れ、出席シールをはり、気分のレベル（元気、普通、疲れ）のいずれかにチェック、目標を２つの中から１つ選ぶ。目標を選ぶことは主体的行動の機会を増やす。

②個別タイム（15分）
宿題の確認と、ワークの取り組み。宿題は主にフトゥーロでおこなったことを保護者に伝える内容。ワークを通じて自己理解、気持ち、コミュニケーション、マナーの理解、定着、スキルアップをおこなう。

③好き好きタイム（10分）
パソコンが得意なBさんが自由にパソコンでゲームを制作する時間。タイマーで持ち時間をセットし、自分でスタートを押して時間を意識しながらおこなう。フトゥーロの待合室に掲示する新聞を作成する。

④ミニグループタイム（15分）
３名で活動。ゲームや遊びを通じて他者への意識、会話のスキルが向上するように指導、支援する。

⑤ふり返り（5分）
個別で目標のふりかえりをおこなう。目標の達成ポイントを継続してためており、年度途中と年度末にごほうび（ビー玉、缶バッチ、キーホルダーなど）と交換することができる。楽しかったことをパソコンで記録する。

指導事例No. 3／小学６年生女児４名グループ（指導形態③）

隔週で月２回90分、小学６年生の女児４名のグループ指導（指導者は２名）。休けいをはさみながら無理のないペースでおこなった。

①あいさつ・準備（5〜10分）
この回の活動目的（なぜ、今回これを学ぶのか）を確認する。

②自分のことを理解しよう（20〜30分）
個別に分かれ、指導者と１対２で、ワークシートや宿題の確認をおこなった後、お互いに発表する。

③活動タイム（30〜40分）
トーク、工作、ゲーム、調理のいずれかを実施する。楽しみや興味を共有しながら、作業計画を考えたり、相談でコミュニケーションの実践をする。

④終わりの会（10分）
連絡シートやふり返り、次回の予告や感想メモを記入し、発表する。

指導事例 No.1

関わりが受動的だったり
一方的になる小学２年生男児Ａさん

〈Aさんはこんなお子さん〉

　通常級に在籍。知的水準は概ね年齢相応だが、聴覚情報処理に比べて視覚情報処理のほうが得意。幼児期に療育センターでASD傾向と言われる。学校の休み時間は１人で好きな絵を描いていることが多い。友だちと遊びたい気持ちはあるようだが自分から話しかけることはない。放課後、友だちに声をかけられれば公園で一緒に自転車に乗って過ごすことはある。ルールに厳密で、守らない子には先生のような口調で注意してしまいトラブルになることもある。作業や行動はゆっくり。学習面は漢字や計算が得意。気象や天体に興味がある。

指導目標　保護者との面談、チェックリストの結果から以下の指導目標を立てた。
　⑴ 基本的な話し方や、やりとりの話形を身につける
　⑵ 友だちと楽しく関われる遊びのレパートリーを複数持つ
　⑶ 自分の考えや気持ちが伝えられる
　⑷ 他者の言動や気持ちに気づく、状況に応じた適切な言動がとれる

指導形態および流れ　毎週１回90分、５名でのグループ指導。（流れはp.12）

指導例とAさんの様子　＊▢▢▢のある指導は「指導内容紹介」で具体的に紹介。[　　]内は実施時期及び実施回数、対応している指導目標（番号）

①始まりの会	出席シール：今日の気持ちは？（さまざまな表情シールからその時の気持ちを選んだり気持ちを数値化する）[通年／⑶] 始めは「楽しい」のみの感想。途中から指導者や他児を参考に心配、「疲れた」なども言うようになった。
	体験発表：（連休・夏冬休みのこと）[年３回／⑴⑶] 繰り返すことでフォーマットに沿って話せるようになった。質問もできるようになった。
	ゲーム：あいづちポイントことばのブロック（p.16）[前期３回／⑴⑷] ややぎこちないがあいづちのことばを使うことを意識できるようになった。
②がんばりタイム	ゲーム：市販のまちがい探しを使って、まちがい箇所を説明する・お話しビンゴ（P.15）[前期各２～３回／⑴⑶] 伝え方フォーマットを参考にして伝えられるようになった。
	ワーク：「友だちがおこられている時は」など（P.15）[前期３回／⑷] 相手に気持ちを考えて発言すること、事実を言うことは必ずしもよいことではないと知り、少しずつ気をつけられるようになった。
③休み時間	トランプなど市販卓上ゲームでの自由遊び[通年／⑵⑷] がんばりタイムのワークで学んだことの実践場面。相手の気持ちを考えた発言を意識するようになった。後期には自分の作ったカードで遊ぼうと提案。
④グループタイム	話し合い：（係決め・グループの名前決め・ゲームのルール決め等）[通年／⑴⑶⑷] 始めは希望を言うだけだったが、後期は理由や誰かと重なったときの決め方の意見も出るようになった。
	ゲーム：協力ゲーム（ブロック伝達ゲーム・だるまさんの一日・ウオークラリーなど）[通年／各２～３回　目標1・2・4] がんばりタイムで学んだことの実践場面「ゲーム楽しいな」のつぶやきが出たり、後半ルールを守らない子に「ねーねー」と柔らかい言い方でいさめることができた。
	工作：教えあい工作（工作の作り方を友だちに教える）[後期３回／⑴⑷] がんばりタイムで学んだことの実践場面。相手の作業ペースを確認するのに苦戦していた。

| ⑤終わりの会 | ふり返り　個別目標：［通年／⑶⑷］全体目標：［後期／⑶⑷］例：「友だちのいいところ見つけ（なかよしフラッグ）」(p.16) 個別のふり返りは前期は漠然としていたが、徐々に具体的にふり返れるようになった。「友だちのいいところ見つけ」は、はじめは、なかなか書けなかったが、視点を知ることで書くようになる。 |

指導内容紹介

● **お話しビンゴ**（『あそびっくす まなびっくす』）…がんばりタイムでペアの子と指導者と３人で実施（約10分）

①４×４のマトリックスシートに子カードを置く。
②順番に親カードを１枚ひく。カードの絵を見られないようにして説明する。
③同じカードの子カードが自分のマトリックスシートにあったら裏返し、早くビンゴになった人が勝ち。Ａさんには「男の子が女の子を追いかけている」といった主体、客体を正確に伝えるカード、「女の子がパズルを完成させて喜んでいる」と言った気持ちも含めて説明するカードを使用。

● **「友だちがおこられている時は」**（『SSTワークシート社会的行動編』）…がんばりタイムで個別に実施（約10分）

　始めはなんでも事実を言うことが正しいと思っていたＡさん。言われた人の気持ちを考えるという発想がなかった。そのことを伝えると「そうなのかー」と新鮮に感じたようだった。
　ルールに厳密で注意することに関しても、「見守ることがかっこいい」と伝えると、「がんばってみる」と気をつけるようになった。

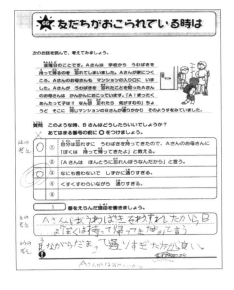

● **なかよしフラッグ** 終わりの会の全体の中で個々に実施（約5分）

友だちに注目する、いいところを見つけることを目的におこなった。

今日のなかよしさんをあらかじめ決めておき「なかよくできたこと」「親切にしてもらったこと」を帰りの会で付せんに記入。教室につるしたひもにみんなのメッセージを貼っていき（なかよしフラッグ）、端から端まで貼り詰められたら「なかよしパーティ」をおこなった。

Aさんは始め、何を書いていいのかわからなかったがみんなで「こんなことみつかるといいよねリスト」を作ると「Bさんに消しゴムひろってもらった」などとみつけられるようになった。

● **あいづちポイントことばのブロック** 始まりので全体がペアになり実施（約10分）

このワークの❸⑥（p.100）の簡易版を実施。「好きな給食」などお題を決めてしつもんに答えてもらったら必ずあいづちをうつこと。うてたらブロックを積める、と言うルールでおこなった。長くやりとりを続けることはまだ難しいので、2～4回行き来したら次の話題に変えるようにしておこなった。

一年間の変化と今後の課題

友だちを意識した様子（他児の行動に注目し、一緒にやりたい・同じにしたい）が多く見られるようになり、自分から話しかけようという場面も増えた。また、提示したスキル（言い方のフォーマット）は意識的に使おうとし、適切に使えることも増えた。しかし状況が変わると応用、般化が難しいことは多く、さまざまなシチュエーションでの体験が必要である。指導外のエピソードでは地域の野球チームに入会した。不器用ながらも意欲的に参加している。一方、友だちに関わろうとするが思いが増した分、学校でも一方的に話し、場にそぐわない言動が目立ってきたため、今後は状況に応じた言動・振るまいの判断を知っていく必要がある。

指導事例 No.2

他者への関心が芽生え始めた 小学4年生男児Bさん

〈Bさんはこんなお子さん〉

　幼児期に療育センターでASDの診断を受けていて、現在は個別支援学級に在籍。知的水準は概ね年齢相応だが、得意、不得意の差は大きい。発達検査で測った言語の力は平均的なスコアであったが人への関心が希薄なため、コミュニケーションのぎこちなさが目立っている。学校でも家庭でも人への関心は希薄で、人への関心が育ってほしいという願いでフトゥーロの指導を希望された。初回面談でコミュニケーションの面以外に、自己理解もあいまいであることが判明したため、まずは個別で自己理解を深め、大人との関係を築いた上で友だちと関わる練習をすることになった。得意なことはパソコン。パソコンスキルは独学で習得し、ゲームキャラクターを作るサイトでホームページを作成している。インターネット上で音楽やアイコンの作り方をほかの人に習ったり、自分のフォロワーとのやり取りもできている。得意でかつ好きな活動を題材にして現実世界でも他者に関心が向けられるような工夫もおこなった。

(指導目標) 保護者との面談から以下の指導目標を立てた。

(1) 自己理解：自分について知る。所属、家族、学校行事、個人的なスケジュールなど。

(2) 自己理解：気持ちの種類を知る。自分の気持ちについて知る。

(3) 他者への関心：友だちの名前や学年、行動に意識を向ける。友だちとの共通点を見つける（事実や気持ち）。

(指導形態および流れ) 隔週1回50分、個別指導。50分の中に20分程度グループ指導を含む。（流れはP.13）

(指導例とBさんの様子) ＊ ▢ のある指導は「指導内容紹介」で具体的に紹介。[ ] 内は実施時期及び実施回数、対応している指導目標（番号）

①準備	気分のレベル（元気、普通、疲れ）のいずれかにチェック、目標を2つの中から一つ選ぶ [通年／(1)(2)] 最初は何も選べなかったが、夏頃「暑くて疲れた」と言えるようになり、後期は「運動会があったので疲れた」と理由も言えるようになった。
②個別タイム	ワーク：どれがあてはまるかな？ (p.18) [5月・11月／(1)(2)] 自分について関心を向けられるようにおこなった。自分への関心が希薄だったが、11月に同じワークをすると自己理解が向上した。
	「好きなのはA・Bどっち？ きらいなのはC・Dどっち？」[通年／(2)] 「知りません」と言うことが多かったが、徐々に2択であれば答えることができるようになった。
	気持ちの種類を知る状況絵と気持ちを線で結ぶを市販ワークシートでおこなった [6月・12月／(2)] 初回は状況絵の読み取りが難しく、正解率20%程度だった。ほこらしい、せつないなどは言葉としても知らなかったが、12月に同じワークをおこなうと正解率80%にあがった。この頃より気持ちを尋ねられると「知りません」ではなく「好き」「まあまあ好き」と表現するようになった。
	教材：気持ちチップ (p.18) [7月3回／(2)(3)] 状況が言語で示されることと、自分の気持ちに合ったチップを4つの中から選べばよいという負担の少ない課題であったため取り組みは良好だった。

③好き好きタイム	好きな活動を十分おこなう時間　[通年／⑴⑵]　いつも指導者に家庭で作成した動画を熱心に説明しており、それを他の人たちにも知ってもらおうと、新聞を作成した。はじめてBさんから「〜したい」という思いを聞くことができた。	
④ミニグループタイム	同じところ探し (p.19) [10月2回／⑶] グループタイムで一緒に活動をおこなう友だちと自分の共通点を見つける。	
	教材：気持ちチップ [11月1回／⑵⑶] 7月に指導者とおこなった課題を友だちとおこなった。経験のある課題だったので取り組みやすく、友だちの気持ちにも関心を向けることができた。	
	ワーク：気持ちくらべシート (p.19) [1月1回／⑵⑶] 好き（得意）、嫌い（苦手）の2つの軽重を感じて、ことがらを配置していく。	
⑤ふり返り	自分で選んだ目標のふり返りをおこなう。達成度に応じてポイントをつけ、楽しかったことを記録する。[通年／⑵] 楽しかったことは指導者から見ても楽しそうに活動した項目を選んでいた。	

指導内容紹介

● どれがあてはまるのかな？
（『SSTワークシート 自己認知・コミュニケーションスキル編』❽）
…個別タイムで実施（約5分）

　あてはまるか否かを問う負担の少ない問題ではあったが、5月におこなった時は「知らない」と言い、ほぼ無回答であった。その後、宿題で毎回「どっちが好き？」「どっちが苦手？」などの課題を意識的におこない、11月に同じワークをするとすべての問いに自分なりに考えて答えることができた。自分への関心が育ったと思われる。自己評価は保護者や指導者が見ても納得できるものであった。

● 気持ちチップ（「カード教材 気持ちチップ」）
…個別タイム（約5分）、グループタイム（約10分）で実施

　状況が言語で示されることと、自分の気持ちに合った表情チップを4つの中から選べばよいという負担の少ない課題であったため取り組みは良好。怒りの場面で悲しいチップを出すことがあったが概ね適切なチップが出せていた。7月に大人とおこなったこの課題を友だちともおこなった。経験のある課題だったので取り組みやすく、友だちが出すチップの表情にも関心を示した。終了後のふり返りでは「同じ状況でも人によって感じ方が異なることが理解できた」に○をつけた。

● **同じところ探し** …ミニグループタイムで実施（約10分）

　グループタイムで一緒に活動をおこなう友だちと自分の共通点を見つける。

　フリートークで見つけることは難しいため、あらかじめシートに記入し、友だちと発表し合って共通点を見つけた。3つ以上見つけることを目標にすると積極的に友だちに話しかけ、同じか否かを確認しようとしていた。同じものが見つかると小さくガッツポーズをしていた。『教室・家庭でいますぐ使えるSST』（㊴）を元にBさんに合うように内容を変えている。

● **気持ちくらベシート**(p.171)…グループタイムで実施（約10分）

　好き（得意）、嫌い（苦手）の2つではあるが、その軽重を感じて、ことがらを配置していくことで、同じ好きでも、すごく好きとちょっと好きなものがあることがわかり、気持ちの広がりを知ることができた。配置したプリントを友だちと見比べて友だちとの気持ちの違いに気づくこともできた。

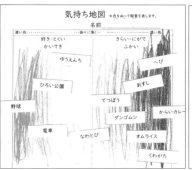 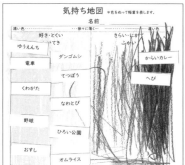

一年半の変化と今後の課題

　生活する中で自然に身につくはずの「気持ち」がなかなか育っておらず、指導の中でワークを用いて積極的に働きかけながら、気づけるように支援した。構造化された中であれば、「自分は〜と思う」「友だちはどう思うだろうか？」などを少しずつ意識できるようになった。

　6月頃、自分が作ったYouTubeのキャラクターのどちらが強いかをみんなに聞きたいという欲求が芽生え、壁新聞を作ることになった。この時点では他者の視点の意識がなく、いきなり「どちらが強いか」のみの問いかけだったため、解答してくれる人も少なく、Bさんとしては期待外れであった。落ち込むBさんとこの結果をふり返る中、気持ちチップで学んだ「同じ状況でも自分と人の気持ちは異なること」を再度確認した。Bさんは「自分はみんながYouTubeのキャラクターを知っていると思っていたが、他の人は知らないのかもしれない」ということに気づいたようだった。2号目の壁新聞ではまず、読む人がキャラクターの比較ができるように情報を整理して示した上で、どちらが強いと思うかを聞いてみることにした。

　Bさんはグループタイムでいっしょに活動する友だちの名前を覚え、あいさつもできるようになってきた。友だちが休むと「今日は○○さんいないのかな？」と指導者に尋ねたり、ふり返りの楽しかったことに「友だちとウノ」と書くこともあった。今後も引き続きネットの世界以外でリアルに関わる友だちと過ごせる時間を増やしていきたいと考えている。

指導事例 No.3
「自己理解と目標設定」をねらいとした 小学6年生女児のグループ活動

〈メンバーの概要〉

全員、通常級在籍で、読み書きや学力に顕著な苦手さはなかった。

● Aさん…穏やかな態度で、接することができる一方で、相手の気持ちに敏感になりすぎて、自己主張が苦手で、気持ちをため込む。自分に自信が持てない。素早く行動に移したり、段取り良く取り組むことが苦手。

● Bさん…集中力を発揮したり、発想力がある一方で、やるべきことができていない場面や自分の想定通りでない場面などで、感情をコントロールして表現したり、行動することが苦手。登校渋りがある。

● Cさん…他者に関心を持ち、親和的な態度や発言で関わることができる一方で、先々を考えず、自分なりのやり方を通そうとしたり、今やりたいことを優先してしまうため、忘れものが多い。

● Dさん…コツコツとがんばることができ、規則正しい生活習慣で過ごせる、家庭内ではよく話す一方で、学校などでは、自分から積極的にコミュニケーションをとり、気持ちや考えを伝えることが苦手。

指導目標

それぞれの保護者との面談から以下のように、グループの指導目標を立てた。

⑴ 自分の言動を客観的に振り返る力や習慣をつける

⑵ 自分の強みと苦手さをふまえた判断や行動選択をする力をつける

⑶ 自分の生活を良くするための具体的な目標を考える力と達成に向けて継続的に取り組む力をつける

指導形態および流れ

隔週で月2回90分、4名でのグループ指導（流れはp.13）の中で、「自分のことを理解しよう」の時間（30分）に実施

指導例や期間

● 指導目標⑴：「自分チェックシート強み編・苦手編」（p.21）を実施し、日頃の自分の様子「5：とてもあてはまる～1：ぜんぜんあてはまらない」の5段階で評価した。その後、評価の理由や関連のあるエピソードなどについて、指導者が聞き取りをした。また、保護者にもチェックシートの評価を見せて、実態との差が大きくないか確認した［前期3～4回］

● 指導目標⑵⑶：「自分チェックシート」の評価でつけた点数を参考にして、強みと苦手のそれぞれを1～3位まで順位づけをし、「今の私はこんな感じ！シート」（p.21）にまとめて、グループ内でお互いに発表した［前期2回］。その後、「目標シート」（p.21）に、苦手さを少し変化させる目標を記入した。さらに、①目標達成をサポートする物・人②自分の強みの活かし方やイメージ③やりやすいやり方・試したいやり方④プチごほうびの4つを考え、グループ内で発表しあった［前期2回］

● 指導目標⑶：宿題として「目標おためし記録シート」（p.21～22）を実施し、①達成に向けての取り組み②合格の基準（％）③実際の結果について◎～△の三段階で記入した。2週間ごとに指導者と振り返りをして、感想を書いたり、①と②の調整をおこなった［後期8回］。また、お互いの取り組みに関心を持ったり、参考にできるように、メンバー同士でうまくいっていないことを伝えたり、アドバイスし合う機会も設けた。この話し合いの進行と同時に、メンバーや指導者から出た意見を表に書き込み、1つの形にすることで、グループへの所属意識や助け合いの雰囲気も感じられるように努めた［後期2回］

指導に用いた教材と留意した点

● **自分チェックシート強み編・苦手編**（10〜15分×4回）
ワーク⑳㉑㉒と類似した自作のワークシートを使用。どのような学び方を好むか、コミュニケーションや思考、感覚の傾向などの項目で構成されている（強み編・苦手編それぞれ36項目）

・留意した点…チェックリスト項目に書かれている内容の解釈ができるだけずれないようにするため、具体例を出したり、質問を受け付けたりしながら、説明した。また、慎重に考えて、自己評価を判断できるように数回に分けて、少しずつ実施した。

● **今の自分はこんな感じ！シート**（20〜30分）
ワーク㉓と類似した自作のワークシート。
自分チェックシートの評価を見て、1〜3位まで順位を決め、それを記入した後で、「この強みは、こんなことに生かせます！」「苦手なことが変わったら、こんないいことがあるかも…」を記入。

● **目標シート**（20〜30分）
・留意した点…目標を記入する時に、内容が漠然としているようであれば、子どもに質問しながら、いつどのようなタイミングでやるのか、どのくらいやるのか回数や時間などが具体化されるようにした。

● **目標おためし記録シート**（20分）
・留意した点…「おためし」と明記すること。「完璧が目的ではない」ことが意識できるように、「今回は○％できればOK」と記入するようにし、チャレンジのハードルが下がるようにした。
緩やかに無理なく継続できるように、実際の結果記入欄に目標の「お休みデイ」の印を1〜2か所つけるようにした。

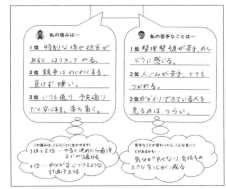

Aさんの「自分チェックシート 強み編」

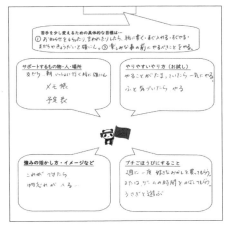

Bさんの「今の自分はこんな感じ！シート」

Cさんの「目標シート」

メンバーの様子と課題

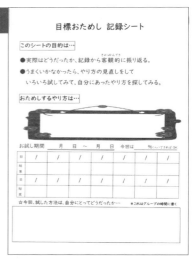

「目標おためし記録シート」

- **Aさん**…積極的なコミュニケーションが苦手なAさんにとって、対話形式よりも、チェックリストを読み、内容を理解し、ふり返ったり、自分が記入したワークシートを見ながらやり取り、発表してもらうというやり方のほうが、本人の考えを引き出しやすいように思われた。特に、後期は、やり方に慣れたこともあり、目標への取り組み方法などについて、自己判断できることが増えた。そこで、目標を追加し、苦手さの2位であった「新しいことは心配・不安になる」の軽減に取り組んだ。「宿題が思っていたよりも多く出されたらどうする？」など、具体的な場面について考えることで、想定外に対処するやり方がつかめてきた様子が見られた。

- **Bさん**…感情のコントロールの難しさは、対人面や想定外の場面で起こりやすかったが、「整理整頓が苦手、めんどうに感じる」ことを苦手さの1位にし、これが改善すると「気分が良くなり、気持ちの大きな変化が減る」と関連付けて考えていたので、「学校のノートやプリント、ファイルの整理」を目標にした。目標が定まると置き場所の工夫のアイデアを出すことができ、使用感の良い文房具をそろえることに嬉しさを感じたり、少しずつ改善されていくことを体感しながら、ある程度の達成感も持てた様子であった。しかし、継続的におこなうためには、目標の「お休みデイ」を入れ、いつまでがんばれば良いか見通しを持たせる、工作やキャンプ、文化祭的イベントの機会を設けるなど、グループに参加することへの動機づけを工夫する必要があった。

- **Cさん**…「自分のペースが崩れるとイライラする」「忘れ物が多い」ことを自覚し、「やるべきことにすぐに取りかかる」を目標とした。「課題や持ち物を一緒に登校する友だちに確認する」など強みを生かしたやり方を考えることはできた。しかし、「やることがたまったら、やる」「ふと気がついたらやる」といった想定をしており、大人としては、確実に実行できるかどうかわからない不安があった。そのため、達成記録の記入に関して、家庭でも声かけしてもらうよう協力をお願いした。記録の事実を振り返ったり、1週間のスケジュール表（『実行機能力ワークシート』P.49~51）を使って、曜日や時間について細かく確認して、照らし合わせることで少しずつ適切なタイミングを考えられるようになった。また、本人は、自分で管理する力がつくことで、周囲から指示されずできるようになったというメリットを実感できたようであった。

- **Dさん**…「段取りを忘れないようにメモをする」ことを目標にし、習慣化することができた。しかし、なんでもメモをしてしまい、どんどんメモが増えるという事態になってしまった。大人とのやり取りやメンバーからのアドバイスを受けたり、優先順位を考えるワークシートに取り組む中で、「大切なことをメモする」ことが少しずつ上手になった。自己主張に関しては、ペアでのゲーム体験を増やし、意思を伝える相手が明確な中で、実践の機会を作った。不安感の軽減に関しては、今回紹介した内容とは別に、ストレス緩和についてのワークなどを実践したが、"他者との距離の取り方"や"自分が今できることを実践している"という実感を持てるように働きかけが必要だと思われた。

解答・解説

 自己認知スキル編

I-1

❶ おためしボディイメージ

自分の体の感覚が未熟だったり可動域の認識や力の加減の調整が不適切だと、意図せずに物や人にぶつかったり、ものを壊してしまったりといったことが起きてしまいます。このワークでは「体の地図」ということばを使って自分の体の感覚や力の加減、動き方を意識する体験をします。いずれも（どのチャレンジも）難しすぎて失敗が続かないように、「少し意識したら成功できる」＝「気をつければうまくいく」と、思えるような場面設定にしてください。

❷ じょうずに目的地まで歩くには？

学校での短い休み時間に友だちといっしょに行動するためのワークです。授業が終わると大勢の子どもたちが一気に動き始めます。校庭で遊ぶ友だちに混じりたい場合、教室から出遅れてしまうと広い校庭でクラスの友だちのいる場所にたどり着けず、結局休み時間は何もせずに過ごした、ということになってしまいます。Aさんのエピソードを元に、どうすれば休み時間クラスの友だちと外遊びができるのかコツを考えてください。

【解答例】
❶ 2、3（4は言い方を「すみません、通してください」にすればOK）
❷ 5、6、8
❸ 9、11、12
❹ 1）理由：ルール違反になるから　7）理由：人にケガをさせてしまうかもしれないから　10）理由：ルール違反になるから

【まとめ例】
休み時間に校庭に行くときは、行きたい方向の人の流れにそってあわてずに歩いてみよう

❸ ボディイメージを育てよう

室内にさまざまな「冒険」を用意し、サーキット（複数の運動をコース上に設置し、進んでいったり、何周かしてみること）をして遊んでみましょう。子ども自身が自分の身体の大きさや届く距離、一度に移動できる距離などを把握するための活動です。（p.54は、10歳以降の子ども向けです）。

課題には、ずり這い、四つ這い、立位などさまざまな姿勢をとるもの、運動方向の異なるもの（前進後進、引く押す、力加減など）を複数組み合わせてみましょう。ボディイメージは、子ども自身が能動的に環境に関わることで育まれる感覚です。

9歳以前の子どもは、自ら感じて姿勢を変えるよう促すと良いでしょう。そのため、子どもが提示された環境（サーキット）にどのように反応するかよく観察し、苦手な動きや把握できていない箇所（足元や背面など）を分析すると、その後の活動につながりやすくなります。

用意する運動の例としては次のようなものがあります。

横転（回転・身体像）、布くぐり（ずり這い）、なわくぐり（四つ這いまたは中腰）、イスわたり（立ったまま離して置いてある椅子を渡っていく）、途中に障害物をおいてよけたりくぐったりする、後ろ歩きなど。

子どもたちが能動的に参加しやすくなる運動を考えてみましょう。

10歳以降の子どもは、より知的に自分の身体の大きさや幅を理解し、日常生活に利用できるようになってくると良いでしょう。成長期に入り、自分の身体が日に日に大きくなる時期を迎える子どももいるでしょう。自分の大きさを測ってから冒険の道をつくったり、子どもと相談しながらあえて苦手そうな運動を挿入してみたりして難易度を調整すると活動の幅が出てきます。また、p.55のワーク課題を利用して、日常の中に般化することも意識してみてください。

訓練にならないように指導者自身も楽しみながらおこなえると、さらに能動的で活気のある活動になるでしょう。

❹ やってみよう！ ボディイメージの発達をうながす遊び
解説なし→ワークに説明あり

I-2
❺ 身近な親せき
家族を中心として、親戚について知ることも自己理解の大切な要素の一つです。子どもによって、親戚とどんな関わりがあるかは違うものです。それぞれの子どもが普段親しくしている親戚について、自分との関係を知っておくくらいを目標とすればよいでしょう。

おばさんのことを「○○ちゃん」のように呼んでいて、「おじさん」「おばさん」などのことばの意味を知らなかった子どもにもいい機会になるでしょう。家系図を書くのが難しい場合は、大人が代筆したり、おおよそ下書きするのもいいでしょう。

＊同時に取り組めるワーク：『SSTワーク 自己認知・コミュニケーションスキル編』（以後、『自己認知・コミュニケーションスキル編』とする）
❸～❻

❻ 家族との○○なこと
家族という身近な人との関わりや話していることを参考にして、「自分のこと」について考えるワークです。②③の「だから……」の部分は、自分の気持ち、または、「～しよう」「～したい」など、具体的な行動を記入します。①～③まで記入し終えた後、「続けたいこと」「やったほうがいいこと」、家族に「協力してもらいたいこと」を子どもに尋ね、話してもらいます。必要に応じて、話してもらったことを書きとめる紙を用意し、それを目標にして、定期的に振り返ったり、協力してもらいたいことを家族にお願いするように促すなど、実際の行動につなげていけるとよいでしょう。

❼ いつもやさしいおばあさん
一緒には住んでいない久しぶりに会う祖父母との関わり方について考えるワークです。他人とは違って甘えられる存在ではありますが、「自分に優しくしてくれる祖父母」と過ごす時に気をつけた方がよいことを考えていけるとよいでしょう。

①②については回答例として以下を挙げますが、これ以外のものが出てきたらぜひ取り上げて話し合うきっかけにしてください。

【解答例】
①Aさんを歓迎したかった。Aちゃんに喜んでもらいたい、Aちゃんを喜ばせたい、Aちゃんに笑ってほしい　など
②困ったなぁ、残念だなぁ　など
④感謝の気持ちを持つこと、ふだんは会えない分のコミュニケーションをとること、自分のことは自分でする　など

【まとめ】
やってもらうことをあたり前だと思わず、感謝の気持ちをもちましょう。また、甘えすぎず自分のことは自分でしましょう。

I-3
❽ 好きなこと、きらいなことの変化
子ども自身が自分の変化や成長に気づくためのワークです。成長を子どもと共に喜び、今、苦戦していることももう少し時が経てばできるようになるかもしれないと伝えて機会にしてみましょう。

【まとめ】
いまむずかしいなあと思っていることも学年があがれば、かんたんにできるようになることもあります。あきらめずに挑戦し続けてみよう。

❾ 好きときらいを紹介しあう
自己理解と、グループの関係性を深めるのに使えるワークです。簡単な自己紹介（名前と好きなことやものくらい）は済んでいて、何回かいっしょに過ごしたことのある子ども同士でや

自己認知・コミュニケーションスキル編

るとよいでしょう。

　お互いのことをいろいろな観点で伝え合うのは、共通の話題にもつながります。また、きらいなこと（苦手なこと）を紹介しあうことで、「〜がきらいなのは、自分だけではないんだ」という安心感につながり、きらいなこと（苦手なこと）を気軽に表現できるようになるという意味で、自己理解にもつながっていくでしょう。

　なお、「きらい」と「苦手」は同じようなニュアンスで使われますが、子どもにとっては「苦手」よりも「きらい」のほうが表現しやすいと考え、このワークでは「苦手」という表現にはしていません。高学年以上の子どもにはワーク⓯なども取り入れながら「きらい」を「苦手」に置きかえてもよいでしょう。

〈進め方〉

　好きなことと、嫌いなことを書いて、一人ずつ発表します。聞いている人は、自分と同じだなということがあったらメモをとります。そしてその人の発表が終わったら「すきなことが体育だというところはAさんとぼくは同じでした」のように伝えていきます。3つのテーマがありますので（食べ物、学校、その他）、一つのテーマごとに発表する人を変えたほうが、聞いている子どもの集中力が続くかもしれません。

⓾ **好きなことが同じ人と話そう**

　学校でも好きなゲームやスポーツが同じ友だちと話す機会は多いと思います。このワークでは決まったテーマで友だちとおしゃべりする練習をします。おしゃべりを深めたりまとめたりするために進行役の大人がいたほうが良いです。得意な子どもばかりが話し過ぎないように、順番に言うようにしたり、人の話は最後まで聞こうなどのルールを決めましょう。話すことが得意ではない子どもには「同じです」という発言やうなずきもOK等の配慮があるといいでしょう。

【どっちが好き？　カードのテーマ例】

夏・冬／ジェットコースター・かんらん車／

海・山／サンドイッチ・おにぎり／ねこ・犬／体育・図工／うどん・そば／にぎやかな場所・静かな場所／打ち上げ花火・手持ち花火

＊同時に取り組めるワーク：『教室・家庭でいますぐ使えるSST101』㉓

Ⅰ-4

⓫ **気もちマップ**

　「気もちマップ」（p.65）を使って、自分の気もちと行動を振り返ります。ある気もちが過剰になってしまった場合には、切り替えが必要であることを知るためのワークです。

〈準備〉

1）「気もちマップ」を人数分コピーします。「気もちマップの使い方」の部分を読み上げながら、進めていきます。まず、喜怒哀楽、快・不快、願望や不安など、言葉の理解度を確認します。

2）「宿題を忘れた時」など、大人がテーマを出します。子どもには、「その時の気もち」と「程度（すこし・まあまあ・とても・〜すぎる）」を考えてもらい、マップ上で、コマを動かすよう指示します。必要があれば、「先生だったら、少し心配のところかな……」など説明しながら、コマを動かし、やり方の見本を見せましょう。

　子どものコマが「とても」や「〜すぎる」の位置にある場合は、①普段はどのような言動をしているか、②もっと適切な行動はあるかなどについて、子どもたちと一緒に話したり、考えたりします。子どもから、なかなか発言が出ないようであれば、大人からいくつか適切な行動の例を伝えるようにしましょう。また、いきなり自分のことをオープンにすることに苦手さがある場合は、状況画を使い、「場面の登場人物の気もち」を推測してコマを動かす等、抵抗感を軽減する工夫も良いでしょう。数名のグループでワークに取り組んだ場合は、同じテーマでも人によって、感じ方の違いがあることなども確認し、他者の気も

25

ちを知るきっかけとしても良いでしょう。
＊同時に取り組めるワークなど：『思春期編』⓭～
⓲、『気もちチップ』

⓬ どんなときにこの気もち？

　快と不快を表す語彙を増やすことを目的としたワークです。語彙が増えるとまとめにあるように、相手に自分の気持ちをよりわかってもらいやすくなりますし、自分自身の気持ちが分化できます。発展として「先生は○○の時にうきうきしたけどＡさんはどんな時にうきうきする？」と❷のエピソード以外の場面や本人の体験を話題にしたり、「一行気持ち日記」として書き記すのもよいでしょう。

【解答】
❶うれしい・楽しい：(ア)(イ)(エ)(カ)(キ)(ケ)
　いや：(ウ)(オ)(ク)
❷①（ウ）または（オ）
　②（キ）
　③（イ）または（カ）
　④（ウ）または（オ）
　⑤（ケ）または（イ）（エ）（カ）
　⑥（ア）または（イ）
　⑦（ク）または（ウ）

⓭ どれくらいドキドキする？

　自分の気持ちをほぐす方法を考えるワークです。子ども自身が、自分がどのような時に緊張したり不安になったり苦手さを感じたりするのかということを理解し、どのように対処したら取り組みやすいのかということを考えます。
　子どもによっては、いつも同じ方法を使っていてほかの方法を知らない場合もありますので、大人が「練習をたくさんしておくと私は落ち着いたな」「深呼吸すると力が抜けるんだよね」など例を挙げたり、「私はふわふわしたものを触ると落ち着くけど、○○さんはどんな触った感じがすき？」と好きな手触りや香り、リラックスできる風景など子どもの興味に合わせて話を膨らませたり試し

てみて方法を増やしたりできるとよいでしょう。
【まとめ例】
　ドキドキする場面があるとわかったときには、自分がおちつく方法を何かやってみよう。
＊同時に取り組めるワーク：『自己認知・コミュニケーションスキル編』㉘、『実行機能力ワークシート』3-56、57、『思春期編』㉗

⓮ 自分の気もちの重みづけ
（うれしさ、いやさの度合い）

　自分の気持ちの動きについて、いろいろな出来事を通して考えてみるワークです。感情の表出が少ない子どもとやってみてもよいでしょう。質問Ａ-1やＢ-1にある出来事の例を見て、子どもから「こんなこと、なったことない」などの反応があった場合は、その子どもが考えやすい出来事に変更してください（例：Ａ-1④オンラインゲームで遊ぶ→公園で遊ぶ）
　「ほんと～」（うれしい）、「え～！」（いやだ）の言い方を大人と練習するときには、その子が「すごくうれしい」と思った出来事と、「ふつう」と思った出来事を組み合わせるなどして、言い方に強弱をつけるためにいくつかの出来事をやってみましょう。
＊同時に取り組めるワーク：『自己認知・コミュニケーションスキル編』❼、『思春期編』⓭～⓮

Ⅰ-5

⓯ とく意なこと、苦手なことがあるのは大事！

　他者と比べて秀でていなくても、好きなことがあることは大事であること、苦手なことがあることは悪いことではないことを知ってもらうワークです。
【解答】
❶（あ）→（う）→（え）→（お）
❷（い）→（う）→（え）→（お）

⓰ よくないところ（短所）かもしれないけれど①

　このワークは自分のことではなく、知識とし

て性格を表すことばを学んでいきます。自分の短所について考える前に、どんな性格でもいろいろな見方ができることを知っておくと、自分の短所も受け止めやすくなるでしょう。解答例以外の答えもあるかもしれません。

【解答例】

質問1：性格を表すことば→Aさんの行動

①あきらめが早い→難しい問題をすぐにやめてしまったから

②短気→テストの点に怒って、机をたたいたから

③心配性→先生に叱られると思って、夕飯を食べられなくなっているから

質問2：性格を表すことば→長所の言い方に直すと

①あきらめが早い→切りかえが早い、さっぱりしている等

②短気→物事に一生懸命、負けずぎらい等

③心配性→慎重、先のことまで考えられる

【まとめ下線】いいことがある

⑰ よくないところ（短所）かもしれないけれど②

【解答例】

質問1：性格を表すことば→Aさんの行動

①気もちをためる→Cさんの誘いを断らなかったから

②決められない→ことわろうかどうか、ずっとなやんでいるから

③人見知り→知らない子たちとなかなか遊べないから

質問2：性格を表すことば→長所の言い方に直すと

①気もちをためる→人の気持ちを大切にする等

②決められない→じっくり考える等

③人見知り→よく考えて友だちを作る等

【まとめ下線】いいことがある

⑱ ⑲ どっちのほうが強いかな①②

　高学年以上は、自分の性格が学校などで話題になることが増えてきます。そういった活動の時に、

厳密に考えすぎて、自分の性格を表現できない子どもがいます。このワークを通じて、2つの性格で表すとどちらが強いか、考えることで自分の性格を表現する一つのきっかけにしてみましょう。

＊同時に取り組めるワーク：『思春期編』⑪⑫

⑳ ㉑ 自分のいいところさがし ①学校編 ②家庭編

　バランスの良い自己理解のためには、「自分にはいいところ（性格面や行動面でも）がある」と子ども自身が知っておくことが大切です。大人から見るとできていることで自信がもてずにいる子どももいますし、またまだできていないことでも「できている」と深く考えずに言う子どももいます。できていることを大人から伝えることで自信につなげ、子どもの自己評価が実際とずれているようであれば伝える機会としましょう。できていることを伝えることに重きをおきたいワークですので、大人から見て○や◎があまりつかない子どもは、評価の基準を甘めにするなどして調整してください。

＊同時に取り組めるワーク：『自己認知・コミュニケーションスキル編』⑧〜⑫）

㉒ 自分の苦手なところさがし（学校・家庭の場合）

　ワーク⑮、⑳、㉑などをおこない、ポジティブな自己イメージをもてるようにし、苦手なところがあることは、当たり前であり、悪いことではないということを前提とした上で取り組みます。グループワークではなく、個別でおこなう場合は、一緒にとりくむ大人も自身についてチェックをつけて、子どもに見せることで、「苦手なことがあるのは自分だけではない」という安心感をもってもらうのも良いでしょう。

＊同時に取り組めるワーク：『思春期編』⑪⑫、『社会的行動編』㊽㊾

㉓ 今の自分はこんな感じ！シート

　自分のいいところを伸ばす、苦手なところを軽減するとどうなるかなど、長所短所について、

27

発展的に考えるためのワークです。まず、20、21、22の「自分のいいところさがし・苦手なところさがし」でチェックをつけたものを元にし、それらを順位付けして表にまとめることで、自分に関する情報を整理します。そして、いいところのいかし方や苦手なことが軽減した場合の展望について想像します。子どもが自分で考えることが難しいようであれば、例えば、「発想がよいということは、話し合いの時にたくさん意見が言えたり、悩んでいる人にアドバイスができるかもしれないね」「思った通りでないとイライラしやすいことが少し変わったら、友だちと楽しく過ごせる時間が増えるね」など具体例を挙げるようにしてください。

Ⅰ-6
㉔ 片づけが苦手な人へのアドバイス
　自分の言動を振り返る、身近な例として片づけをテーマにしました。個別形式でもおこなえますが、複数の子どもでやれるとよりよいでしょう。片づけが苦手な子にとっても、架空の子へのアドバイスという形のワークですので、取り組みやすく、自分でも取り組んでみようとするよいきっかけになるでしょう。子どもたちから意見が出にくい場合は、以下の対策例を参考にしてください。対策をやってみた振り返りは、新鮮さやメリハリがもてるようにあまり先ではなく１〜２週間後がよいでしょう。
【対策例】
❶の困りごと　親に渡すプリント用のファイルを使う、ときどき片づけの時間をとる、とりあえずランドセル（かばん）に入れて、家でゆっくりかたづけるなど
❷の困りごと　学校から帰ったらすぐに明日のしたくをする、「明日は○○がいるんだ」と家族に話して印象に残るようにする、教科書とノートはランドセルに入れっぱなしにして、特別な持ち物に気をつけられるようにするなど
❸の困りごと　鉛筆と消しゴムの定位置を決める、名前をしっかり書く、目立つ色のものを買うなど
＊同時に取り組めるワーク：❶『実行機能力ワーク』3-31／❷❸『実行機能力ワーク』3-36、9月編

㉕ 後まわしにしないために（長期休みの過ごし方）
　中学校生活を意識しながら、小学校高学年におすすめのワークです。すぐにとりかかるのが大変なものの代表は宿題かもしれませんが、それ以外のことも見通しをもってとりくめるようにしていきましょう。ゆとりをもった生活ができるなどのメリットが感じられると、それが習慣化し、さまざまな点で自己管理が求められる中学校以降の生活に役立つでしょう。すぐにとりかかる工夫（やってみる対処法）としては、「できたときの自分へのごほうびを用意する」「小分けにする」「だれかの助けを求める」「いつやるかを決める」「やりやすいものからやる」「元気の出る音楽をかける」などのことがあるでしょう。
＊同時に取り組めるワーク：『実行機能力ワーク』3-53、3-54、3-55、8、11月編

㉖ 長期休み中の生活ふり返り
　㉕と似た観点のワークですが、生活リズムという点に重きがあります。学校のことは忘れてリフレッシュすることも大切ですが、のんびりしすぎてしまうと休み明けに大変かもしれません。休み中の毎日に、適度なメリハリをもたせるのに役立つワークです。㉕同様、こういったことを意識して過ごすことのメリットが感じられると、自己管理する力にもつながっていくでしょう。
＊同時に取り組めるワーク：『思春期編』㉑㉔㉕

 ## コミュニケーションスキル編

Ⅱ-7
㉗ あいさつはなぜ大事なの？
　❶で、自分がふだんしているあいさつについて記入してもらい、どうしてそこに○

をしたのかを話してもらったり、大人（先生）から見るとその子のあいさつはどうかを伝えてみましょう（「たしかに、先生へのあいさつはよくしてくれているね！」「帰るときのあいさつの声、そんなに小さくないよ」など）。

その子の性格によっては、声の大きさと、相手を見ることの両方に気をつけることが難しい場合もあると思いますが、あいさつに苦手意識がある子どもは、このワークをきっかけにしてみてください。❷の③のような観点を伝えることも大切です。

❷【解答】

①無視

②大切にされていない、悲しく

③れいぎ正しい、親切にやさしく

❸【解答例】

声が小さい、声が聞こえない、相手のほうを見ていない、関係のないほうを見ている

＊同時に取り組めるワーク：『社会的行動編』❶❷

㉘ 友だちが家に遊びに来たとき

相手に話しかけられたときの適切な態度や返事について考えるワークです。Aさんが、ゲームに夢中になるあまり、Bさんに対する態度や返事が少しぞんざいになっていることに気がつき、どのようにあらためると良いか考えます。仲の良い友だち同士であっても、ぞんざいな態度が続くとBさんは良い気持ちがしないことを理解できるとよいでしょう。

【解答】

質問１：（赤い線）Aさんは、ゲームの画面を見ながら「今度こそクリアしてやる」と言いました。（青い線）Aさんは、画面を見たまま「うん」と言いました。

【解答例】

質問２：せっかく話しかけたり、あいさつしたのに、ちゃんと答えてもらえなくて残念。

自分のことよりゲームのほうが大事みたいで、かなしい。

質問３：（赤い線）どんなたいど・表情→Bさんのほうを見て、笑顔。どんなことば・返事→「ありがとう！」「よかったぁ」「もっと食べてね」など。

（青い線）どんなたいど・表情→Bさんと一緒に玄関に行く。どんなことば・返事→「また、遊ぼうね」「楽しかったよ」など。

【まとめ】

・合わせた態度、表情

・大事

＊同時に取り組めるワーク：『社会的行動編』(51)(52)

㉙ 先生にあいさつを返す

事例を見ながら、あいさつをするときの声の大きさについて考えてみましょう。実際に声を出して大きさを比べてみてもよいかもしれません。「声のボリュームスイッチ」の表を活用しましょう。数値化したものを使うことで漠然と「大きな声で言おう」「声を小さくしよう」と伝えるよりもよりイメージが持ちやすくなるはずです。

【解答例】

質問２：ポイント１（相手の顔のあたり）、ポイント２（外→３または４、室内２または３）

質問３：先生の顔、３（または２）

質問４：①２または３　②３　③２または３　④２または３　⑤４

＊あいさつ以外の声の大きさについては、『自己認知・コミュニケーションスキル編』㉛㉜もご活用ください

Ⅱ-8

㉚ Aさんの会話の仕方はどうかな

話を聞く態度や最後まで聞くことの大切さを考えるワークです。たとえ何かをしながらでも頭に内容が入っていたとしても、相手が話始めたら一旦手をとめて聞いている姿勢を取ること

や最後まで聞いて内容を把握してから話すことの大切さの理解を促します。

【解答例】

質問１：話の途中で勝手に思い込んで返事をしていたから。最後まで話を聞いてくれなかったからなど

質問２：選んだ理由

②手を止めてＢさんのほうを向くと、聞いているということがわかるから

③最後まで聞いたほうが、何についての話をしているかわかるし、相手が聞きたいこともきちんと理解して返事ができるから

選ばなかった理由

①何かをやりながらだと話を聞くのがむずかしいから

④思いついたことをすぐ言われると、相手が話しにくいから

【まとめ】

相手が話しているときには、その人の話を聞いていることがわかるように、その人のことを見たり手を止めたりしましょう。最後まで聞いてから質問したり意見を言ったほうが、相談も早くまとまります。

＊同時に取り組めるワーク：『自己認知・コミュニケーションスキル編』⓱⓲㉓、『思春期編』㉘㉙

㉛聞くことが苦手な人へのアドバイス

㉚は１対１の場面での聞くことがテーマでしたが、このワークは授業中を想定しています。学校の一日は長いので、いつでも集中した状態で先生の話を聞くのは、大変なことかもしれません。他者視点（「こんな姿勢で聞いていたら聞いていないと思われるな」等）が持てなかったり、自己理解やセルフモニタリング（「ぼくは給食のあと、ぼんやりしがちだから、気をつけよう等」）が乏しいと、「聞いていない子」と思われてしまうかもしれません。話がよく聞けるようにする工夫に加えて、「聞いていない」

と思われないような行動が取れるようにしていきましょう。

【解答例】

❶背中をのばしておく。

顔は先生のほうに向ける。

話を聞きながらうなずくようにする。

❷「先生のほうを見て」と言われたら、やってることをやめて話を聞く。

教えてくれる人に聞いて、あとでお礼を言う。

あわてず先生の説明が終わったら質問しにいく。

❸手や首を自分でマッサージする。

肩を回したりする（ストレッチ）。

顔を洗いに行かせてもらう。

＊同時に取り組めるワーク：『自己認知・コミュニケーションスキル編』⓳、『思春期編』㉛

㉜質問はどのタイミングでしてもらいたい？

話している途中に話されたり質問されたりすることは話し手にとっては話しづらく、いやな気持ちがすることを体験して実感してもらうワークです。

子どもが話すことはこのワークの目的ではないのでテーマについてのメモや原稿作りが苦手な子どもであれば、時間がかからないように原稿作りを大人が手伝ってください。大人がする３回の質問や感想はどのタイミングでもどのような内容でも構いませんが、１回目と２回目はできるだけ話し手が困るように、例えば話しはじめてからすぐに「はいはい、それはどんな…？」など今から言おうとしていることを質問する。「それってやっぱりおもしろいものなんでしょうね」「知ってる知ってる○○って△△ですよね」など、勝手に決めつけたり話に水を差すようなことを言うようにしてください。３回目は最後まで聞いて、「よくわかりました」「おもしろかったです」と言った肯定的な感想を述べてください。

自己認知・コミュニケーションスキル編

【まとめ例】

　人が話しているときは最後まで聞いてから質問や感想を言うと、話している人も気持ちよく話せます。

❸❸聞くことと話すことが練習できるゲーム

　いずれのゲームもその場でおこなうことのみを目的とするのではなく、ゲームの内容と日常場面とのつながりを意識させながら取り組むことが重要です。例えば、ゲームをする前に日常場面で聞き取りができずに困った経験について聞いてみたり、ゲームで学んだことが日常のどのような場面に活かせそうか、などを考えてみると良いでしょう。

　いずれのゲームも話者に注意を向けることの練習にもなります。ただし、こうした練習は「他者とコミュニケーションが取れると心地よい」という気持ちや安心感があってこそ、経験として積みあがっていきます。他者の発言に対して批判をしないことや答えたくないことは答えなくて良い、などの事前のルール設定も重要となります。

＊「苦手自慢」についてはこのワークの❶❺❷❷などと同時に取り組んでも良いでしょう。

Ⅱ -9

❸❹じょうずに会話ができるポイント（初級編）

　一方的に、いきなり自分の話を始める子どもや、呼びかけられても反応をしない子どもに向けてのワークです。会話をする前には、相手を意識すること、相手から意識されることが必要だということを学びます。会話する時に気をつけるポイントが意識できるように練習していきましょう。

【解答】

①名前　②顔　③前おき　④返事　⑤あいづち

❸❺先生の話がわからなくなったとき

　学校場面で先生が何を言っていたか聞きもらすことや、言っている内容が理解できなくて困ることはよくあることです。まず、みんなも困ることはあることを伝えてください。〈役立つことば〉をリストから選ぶことができてロールプレイもできるこどもも、実際の学校場面ではなかなか言えないこともあるでしょう。

　①〜④の子どものチェックと学校での状況を踏まえて、必要であれば保護者から担任に支援をお願いしてください。

【解答例】〈役立つことば〉

①イオキ　②エオキ　③カ　④アウ

先生役のセリフ：やや早口で話します。加えて下線部はあいまいにグレーの部分は小声で

「教科書の32ページを開いて、問題3の考え方と式と答えをノートに書きます。できた人は手を グー にしてあげてください。わからない時は手を チョキ にしてあげてください。先生がまわっていきます。」

❸❻やりとりを深めよう ことばのチップ

　一方的に話し続けないように、また自分に話しかけられたらそれに応じるようにすることを体験するゲームです。

〈事前準備〉

１）ことばのチップ（p.185）を画用紙などの厚紙に子どもが扱いやすい大きさに拡大コピーして、一枚ずつ切り離しておきます。繰り返し使うならラミネートしておくとよいでしょう。

２）お題リスト（p.185）も子どもが見やすい大きさに拡大コピーしておきます。もちろん、これ以外に対象の子どもが興味を持って話せそうな話題を付け加えてもよいです。

３）チップを入れておくトレイを２枚用意します。

〈進め方詳細〉

１）やり方の説明、チップの説明をします。

　２人あるいは３人組になってお題を選びます。ジャンケンをして勝った人（相談して決めてもよい）から先に話しはじめます。例えばAさんが「Bさん、好きな給食は

何？」と聞きます。これは「質問」なので
Ａさんのトレイに指導者が「質問チップ」
を１枚入れます。Ｂさんが「揚げパン、Ａ
さんは？」と言ったら「答え」と「質問」
なのでそれぞれ１枚をＢさんのトレイに入
れます。Ａさんが「そうなんだ、私も揚げ
パン。揚げパン、おいしいよね。あのお砂
糖が好きなんだ」と言ったら「あいづち」
「答え」「ひらめき・体験・感想」のチップ
がＡさんに入ります。Ｂさんがさらに「う
んうん、粉砂糖おいしいよね。他には何が
好き？」と言ったら「あいづち」「感想」「質
問」のチップが入ります。このように２分
間できるだけおしゃべりを続けましょう。
２）２分間やりとりをして、指導者はそれぞれの
　　子どものトレイにチップを入れていきます。
３）２分後に、それぞれ自分のトレイに何のチッ
　　プが何枚集まったかかぞえてもらい、ワー
　　クシートに記入します。枚数の少なかった
　　チップはなんだったかも書きます。またそ
　　のことばを増やせるようにそのチップにあ
　　てはまることば（例えば、あいづちだった
　　ら、「ふーん」「なるほどねー」など）を書
　　きます。子どもが思いつかないようなら、
　　ヒントを示したり、こんな言い方があるよ
　　ね、と伝えます。

II-10
㉟じょうずに会話ができるポイント（上級編）

　会話のやりとりがスムースに進むためのポイ
ントを紹介しているワークです。そのポイントが
なぜ大切か理由も読み、あてはまるセリフを選
択肢から選びます。ワークに記入した後で、日ごろ
の会話の様子を振り返り、８つのポイントの中
で、自分が気をつけるといいことを見つけます。
　ワークの進め方の応用として、「なぜ、この
ポイントが大切か」は子どもには見えないよう
にしておき、先に「会話がうまく進むポイント」
と「言い方・セリフ」を結び付け、後から「な

ぜ、このポイントが大切なのか」について、考
えるやり方もあります。こちらのやり方でおこ
なうと、会話の中で「ポイント」に気をつける
意味をより印象付けられます。
【解答】
①カ　②ク　③キ　④ア
⑤エ　⑥ウ　⑦イ　⑧オ

㊳話し合いリーダーにチャレンジしてみよう

　「㉟じょうずに会話ができるポイント（上級
編）」をおこなった後、それらを意識し、実践
練習するためのワークで、２〜６名程度でおこ
なうことが望ましいです。
　準備❶では、８つの中から自分が特に気をつ
けたいこと「がんばるポイント」を１〜３つ選
び、どんな「言い方・セリフ」になるか、例１
を参考にし、例２を考えます。８つすべての例
を考えることは大変なので、自分が選んだポイ
ントだけ考えてもらい、残りは大人が伝えても
よいです。あるいは、グループの人数に応じて、
２〜３つずつ分担してもよいでしょう。
【例２：解答例】
①「ねえねえ、ちょっと、話していい？」
②「〜の話をしたいんだけど」
③「〜という意見を思いつきました。」「〜が
　　あって、〇〇な気もちだったよ」
④「なんでかっていうと…」
⑤（同意や共感の場合）「〜って思ったんだね。
　　ぼくも（わたしも）…」
　　（異論や疑問の場合）「そうなんだね。けど
　　…」「〜って思ったんだね…でも〇〇だった
　　ら、どうするの？」
⑥「〜っていうことで、いいんだよね？」
⑦「まだ、思いつかないから、待ってくれる？」
⑧「別のことなんだけどね…」
　例２の記入後、大人やグループのメンバーと
「言い方・セリフ」を発表し合い、確認します。
そして、自分が気をつけるポイントを２〜３つ
切り取って、104ページに貼ります。この作業

自己認知・コミュニケーションスキル編

は、ポイントに対する意識を高めるという目的でおこなうものですが、時間がなければ、貼らずにポイントのそばにシールや赤丸をつけて、強調するだけでも良いです。

準備❷では、話し合いのテーマを決めて、「話し合いのテーマは…」の枠の中に記入します。テーマは、大人が提案しても良いですし、直近の行事に合わせた内容も良いでしょう。

「話し合いリーダー」の役（1〜2名）と「リーダーの発言や促しに応じる受け手役」をテーマを変えて交代しながらおこないます。

話し合いのあと「ポイントをどの程度、実践できたか」「話し合いリーダーをおこなった感想」などについて、ふりかえりを記入します。

❸❾「場の雰囲気」とは何でしょう？

場の雰囲気とはどういうものなのか、場の雰囲気をつかむことがなぜ大切なのかについて、理解を促すワークです。まず、場面AとBのイラストを見て、感じ取れることを話してもらい、「その感じ取ったことが、場の雰囲気」であるということを強調します。次に「場の雰囲気」の中身について、①その場で「感じる」「ただよっている」ようす②その場にいる「人のとくちょう・ようす」③その場の「人の気もち」④その場の「話の流れ」の4つの観点で説明します。①〜④のそれぞれについて、枠の中のイラストを見てもらい、大人が「どんな感じがする？」など、問いかけをしながら、意味が理解できるように説明していきます。④その場の「話の流れ」は、少し理解するのが難しいと思われますので、「ぼく（わたし）は、ゲームの○○のキャラクター好きなんだ」「そうなんだ。たしかに、かっこいいよね。ぼく（わたし）も、○○好きだな」「え！ おんなじだね。じゃあ、今度いっしょに、家でゲームする？」「土曜日なら大丈夫かも」など、会話の具体例を伝え、どんな雰囲気を感じるか考えてもらうようにすると、理解しやすくなるでしょう。

ワークの最後では、場の雰囲気を理解した言動ができるように、「今の自分ががんばりたいこと、がんばれそうなこと」を選びます。このワークは、1枚の中に細かなイラストがたくさんあるので、子どもによっては、情報量が多いかもしれません。子どもの様子に応じて、最初は、場面AとBのイラストだけ見せて、説明したり、考えてもらい、後から、下の情報について説明していく、あるいは、イラストを拡大コピーして見やすくするなど、情報提示の方法も検討しましょう。
＊同時に取り組めるワーク：『思春期編』❹❽❺❹

❹⓪相談を勝手に進めてしまう子

学校でよくある、少人数での相談の場面を想定したワークです。話すことと聞くことバランスよくどちらもできるとよいのですが、好きな話題や、強い希望があるテーマだと話しすぎてしまうこともあるでしょう。相手のことばや態度に表れている気持ちに関心を向けることを定着させて、一方的にならずに話せるようにしていきましょう。

【解答例】
考えてみよう①
　Bさんの気持ち：ぼくもリーダーやりたいんだよなぁ
　Cさんの気持ち：他の人にも希望を聞いてみたほうがいいのでは？
　Dさんの気持ち：Aさんに、発表できるのかな…

考えてみよう②
　Bさんへの返事：Bさん、何か希望があるの？
　Cさんへの返事：みんなの希望も聞いたほうがいいかな？
　Dさんへの返事：Dさん、何か意見があるなら聞くよ

【まとめ】
自分の意見を言ったあとには、まわりの人がどんな様子かを見たり、意見を言いたそうにしている人がいないか気をつけて見てみましょう。

33

㊶遊ぶ約束をするときは……

　一方的な会話に対して、相手が感じる気持ちを理解したり、双方向の会話をするために、お互いにできること、したほうがいいことを考えるワークです。選択肢から回答を選びます。選んだ理由やそのほかの選択肢を選ばなかった理由について話したり、書いたりします。選んだ理由と選ばなかった理由の両方を比較することで、適切な言動の理解を深めます。

【解答】

❶わたしの話を聞いてほしい・命令しないでほしい・自分勝手に決めないでほしい・Aさんは勝手だな

❷②⑤

❺【解答例】

　「Aさんが、南公園で遊びたいのは、わかったけれど、私は、北公園で遊びたいな。どう思う？」とAさんに聞いて、もう一度誘ってみる。

　「どうして南公園がいいの？」とAさんに聞いて、理由に納得できれば、南公園で遊ぶ。

　「別の日に、北公園で遊べるかな？」と聞いて、別の日に遊べそうだったら、この日は、南公園で遊ぶ。

　「家にあるおかしが何かわかんないから、同じチョコになってもいいよね？」と確認する。

　「ちょっと待ってくれる？　いっしょに決めようよ」と伝え、相談できるようにする。

＊同時に取り組めるワーク：『思春期編』㊺

㊷相談しながら、ならべかえクイズに挑戦

【お題の例】

面積の広い県／コンビニで人気のおにぎり／小学生に人気の職業／オリンピックの国別の獲得メダル数／前の年の人気だった映画／始まったのが古いアニメなど

※最新の情報は、インターネットなどで調べてください。

【そのほかのポイント】

　〈相談のことば〉を使ったやりとりが難しい

子ども同士の場合、司会者役を一人固定して、進め方③のところでは、その子どもがみんなに順に意見を聞くようにすると（自分の並べ方の理由など）、比較的スムーズにいくでしょう。

＊同時に取り組めるワーク：『実行機能力ワークシート』3-23・-24

Ⅱ-11

㊸わかりやすく話すには　その①

　相手にわかりやすく話すためには、「いつ」「どこで」「だれが」「なにを」「どうした」を入れることを意識するワークです。ワークをおこなった後に「いつ」「どこで」「だれが」「なにを」「どうした」のカードを見えるとことに掲示しておき、発表場面などでそれに沿って話すように促してもよいでしょう。

【解答例】

❶Bさん

❷下線箇所：○×ストアーの前でキラキラキッズスクールの人がえんぴつ配ってたんだよ。「妹の分と、2本もらえますか？」って聞いたら…そして「あしたの放課後もここに4時までいますから、お友だちにも教えてあげてね」…。

❸いつ（赤線）：きのうの帰り、あしたの放課後

　どこで（青線）：○×ストアーの前、ここ

　だれが（緑線）：キラキラキッズスクールの人、Dさん

　なにを（オレンジ線）：えんぴつを

　どうした（水色線）：配ってた、6本もくれた

㊹わかりやすく話すには　その②

　相手にわかりやすく話すためには、理由をつけて話すことを意識するワークです。ワークをおこなった後に「なぜなら」「なぜかというと」などのカードを見えるとことに掲示しておき、発表場面などでそれに沿って話すように促してもよいでしょう。

【解答例】

・校庭で遊べないんだって

自己認知・コミュニケーションスキル編

・水たまりがたくさんできている
・遊べるかどうかは給食の時の校内放送で伝えてくれるんだって、放送ちゃんと聞かなくちゃだよ。

⓭わかりやすい順番で話す（好きなこと紹介）

なにかについて発表したり、作文するときに長くなってしまいがちな子ども向けのワークです。まずは順番やどれくらい大切なことなのかは気にせずに、そのことにまつわることを書き出します。そのあとで、メモを使って内容を選んだり、順番を考えたりします。「好きなこと」以外にも「夏休みのできごと」「クラスがえの感想」「家族紹介」などのテーマがあるでしょう。書くことに苦手意識がある場合は、メモの段階では大人が代筆してあげましょう。清書ではメモを見ながら音声入力機能を使ってまとめてもよいでしょう。
＊同時に取り組めるワーク：『自己認知・コミュニケーションスキル編』㉕〜㉗

⓮ポイントをつかんで話そう　10文字早当てクイズ

物事は核心的な部分から些末な部分へと話す、かつ端的に話すとわかりやすいことをクイズ作りを通して体験するワークです。たくさんしゃべるけれど大切なことが抜けていたり、細かすぎてわかりにくい話し方になる子どもとおこなうとよいでしょう。何人でもやれますが、全員が出題者役をするなら4人前後がよいでしょう。その場合、所要時間は15〜20分程度です。

〈事前準備〉

1）解答シート（p.115）を人数分コピーしておきます。
2）お題の例（p.186）を使う場合は拡大コピーして切り離してカード状にします。イラストや写真があったほうが問題を作りやすいと思われる場合は、別途フリー素材やお手持ちの教材の絵カードなどを使ってください。また、お題は一例ですので自由に考え

てもよいです。

〈進め方〉

1）やり方の説明をし、例題を体験します。
　これからお題カードを配ります。配られたらお題を他の人に見られないように気をつけてください。そのお題のヒントをひらがなまたはカタカナにして最大10文字で5つ考えてください。後で順番に発表して答えを当ててもらいます。早く当ててもらえればより高得点がもらえます。また、当てる人も早い段階で当てたら高得点がもられます。
　10文字の最後は必ず「です」「ます」「ある」「だ」などで文で終わるようにしましょう。早く当ててもらうにはどんなヒントから出すとよいか考えて作ってください。
　出題者Aさん、解答者がBさんとCさんだとします。Bさんが第2ヒント、Cさんが第3ヒントで正解した場合、出題者のAさんは4＋3＝7ポイント、Bさんは4ポイント、Cさんは3ポイント得ることができます。
例題をやってみましょう。
　第1ヒント：タイヤはふたつです（9文字）
　第2ヒント：ガソリンではしります（10文字）
　第3ヒント：ヘルメットをかぶる（9文字）
　第4ヒント：仮面ライダーがのる（10文字）
　第5ヒント：のりものです（6文字）
　答え：オートバイ（バイク）
　と言って一つヒントを出すごとに回答シートに答えを書いていってもらいます。思いつかない時は空らんのままでよいこと、ヒントを聞いて答えは途中で随時変えていいことも伝えます。最後まで問題を出したら、解答者は自分が考えた答えを、第1ヒントから順に発表してもらい、最後に答えを発表（お題カードを見せる）すると盛り上がります。
2）子どもたちにお題カードを配り、問題を考えてもらいます。5分など時間を区切るとよいでしょう。また、出題に苦戦しているようならヒント例にあることを大きく書い

35

て提示しておいてもよいです。書き方「ヒント例にあることを大きく書いて提示しておいてもよいです」

〈ヒント例〉分類（何の仲間か）、素材（何でできているか）、形、使い方、大きさ、色、におい、場所（どこにあるか）、長さ、数、似ているもの、味、手ざわり

3）順番に出題していき、出題者役、解答者役をおこないます。問題を聞く時、読みあげた5つのヒントを覚えておくことが難しいようでしたら、発言を黒板やホワイトボードに書いておきます。

4）出題者としてと解答者としての得点を合計し、勝敗を決めます。

❹順序だてて説明することが練習できるゲーム3つ

応用編として下記のようなアレンジも考えられます。

①ヒントのトビラ：正答した人は1問につき1ポイント、出題者は正答した人の人数分のポイントを加えるなどして勝敗の要素を加えることもできます。出題者は3つ目のヒントで当てられたら3点、回答した人は1つ目のヒントで当てられたら3点、など点数に重みをつけても良いでしょう。

②買いものゲーム：子どもの状況によっては、実際にP.187をコピーし、コマを動かしながら取り組むと良いでしょう。また、このワークの応用として、グーグルストリートビュー（Google製）を用いて、子どもの自宅の最寄り駅などのスタート地点から公園やよく行くお店などのゴール地点へと道案内をする活動もあります。ICT機器の操作をスムーズにおこなう必要があるため、事前にルートの確認をおこなったり、大人と子どもとでペアを作るなど工夫するとよいでしょう。

③この人はどこに：聞き手の手元を話し手が確認しながら取り組んでも良いことにすると、

難易度を調整することができます。また、このワーク以外でも、類似性のある人や物が多く描かれているものであれば、インターネット上に公開されているまちがい探しなどのプリントも活用することができます。

Ⅱ-12
❹相談や話し合いでは理由も言おう

自分のやりたいことだけを言い続ける子どもに対して、理由をつけて言うと相手に理解してもらいやすくなり、願いが叶うことが多くなることを伝えるワークです。子どもがAさん、Cさんの理由を考えられない時はヒントを出してください。例えば、子どもがドッジボールをやって楽しかったことを聞き出し、そこをみんなに伝わるようにアピールするように促してみましょう。「チームプレイができる、逃げるのが得意な人は逃げ切ると気分がいい、スリルがあっておもしろい」など。子どもが実際ドッジボールが好きではない場合でもこの課題はドッジボールのいいところを探す練習として考えてみようと促しましょう。

博物館に行きたくないCさんは行きたくない理由を伝えなくてはなりません。お兄さんと同じくらい長い時間見続けるのは苦手、恐竜は好きだけど他のものはあまり興味がない、などを伝えることで、例えば恐竜展だけ見てお兄さんが終わるまで食堂でジュースを飲んで待っていることもできるかもしれません。

【解答例】
〈場面1〉Aさん「ぼくはクラスで<u>ドッジボールをしたいです。どうしてかというと同じチームになった人と連携プレイができて楽しいからです。当てるのが苦手でも逃げ切ってチームに貢献できて楽しいからです。</u>」

〈場面2〉Cさん「ぼくは博物館に行きた<u>（くない）。どうしてかというとお兄ちゃんが見終わるまで長い時間待ってい</u>

自己認知・コミュニケーションスキル編

るのが嫌なんだ。」
【まとめ】
　自分の気持ちや考えをわかってほしいときには理由をいっしょに言うと、自分の希望に近い結果に変わることもあります。

㊾㊿自分についてのいろいろなこと（理由の言い方①②）

　自分の気持ちを伝えるときに、理由も言う練習のワークです。何人かでやるといろいろな視点の意見に触れることができてよいでしょう。
　〈ヒント〉がなくても、それぞれのことについて理由が言える場合は、〈ヒント〉の箇所をふさいでコピーしましょう。㊾の❶と㊿の❶、㊾の❸と㊿の❷はそれぞれ似たトピックで、違いはヒントの有無ですので、㊾を通してやるのではなく、㊾の❶をやったあとで㊿の❶をやるという順番でもよいでしょう。

51 52 ディベートしてみよう①②

　自分の考えや気持ちに理由をつけて話すために、ディベート形式で実践練習をするワークです。2名以上でやってみよう。「朝食にはパン？ごはん？」というテーマについて、それぞれの「いいところ」「ざんねんなところ」を考え、表に書き込みます。人数分コピーし、個別で書き込みをしてから発表し合う、あるいは、子どもに口頭で伝えてもらい大人が出た意見を書きとめるというやり方もあります。
　次に、「パン派」か「ごはん派」か、自分の意見をどちらかに決め、その理由を2〜3つ記入します。2〜3つのうち、1つまで反対意見の「ざんねんなところ」を理由として取り入れても良いとします。反対する理由ばかり伝えると、相手を否定しているイメージが強くなってしまう場合があることを知る機会にしても良いでしょう。意見を伝えあう前に、「静かに聞く」「あいづちをうつ」など、「話し合いのマナー」も確認しておきましょう。

・ディベートしてみよう②

　自由にテーマを決めておこなえるワークシートになっています。大人がテーマを考えたり、子どもたちにテーマを募って決めるのも良いでしょう
テーマ例：「犬派かねこ派か」「海派か山派か」「遊園地派か水族館派か」「プリン派かゼリー派か」「夏派か冬派か」など
＊同時に取り組めるワーク：『思春期編』❼⓿〜❼❸

Ⅲ-13
53 人とすごすときのちょうどいいきょり

　人とすごすときのちょうどいい距離は「パーソナルスペース」とも言い換えることができます。人それぞれにちょうどいい距離がありますが、ここではまず一般的な知識としての距離感をとりあげています。
【解答】
❶パーソナルスペース　❷ちがう／近づきすぎた
❸性別　❹年れい
＊同時に取り組めるワーク：『思春期編』❹❷〜❹❹

54 だれかのパーソナルスペースに入るとき

　知識を学んだ後は実際に体を動かして体験してみます。相手との関係性にもよりますが、自分が苦しくない距離感を知ること、また自分のちょうどいい距離と他の人のちょうどいい距離には違いがあることがわかるとよいでしょう。相手のパーソナルスペースに入る時は「ねえ、○○さん」と呼びかけてから入る、相手が自分のパーソナルスペースに入り込んできたら、なんて言うといい？　という点も合わせて確認しましょう。
【解答】❷ ①相手の前のほう　③体　⑤近いよ

55 あまり親しくないのに近すぎない？

　親しい友だちとあまり親しくない友だちとの距離感について考えるワークです。登場人物の年齢や性別によっても変わってくると思います。子どものニーズに合わせて使用してください。

37

【解答例】

❶ 3、4

❷ 1、2（人によっては嫌と思う人もいるでしょうが、今回は笑顔なので1、2とします。しかし、嫌と思う人もいるということに気づいた子どもがいたら、どのように接するかを深めていけるとよいでしょう）

❸ 3、4

❹ 友だち同士でも話しをしたり遊んだりするのにちょうどよい距離があります。特に、まだあまり親しくない場合、きょりには気をつけましょう。

㊱異性とのきょり、近すぎない？

相手のパーソナルスペースについて考えるワークです。適切な距離をとっさに判断することは難しいこともありますが、人の表情やサインから気持ちを推測することはできます。どんなタイミングであれば自分は気づけそうなのか、また、どんな風に教えてくれるとわかりやすいのか一緒に考えられるとよいでしょう。

【解答例】 ❶ 4、5　❷ 3、5、6

【まとめ】

会話をする時は、相手の表情やサインに気をつけて適切な距離を保つようにしましょう。

＊同時に取り組めるワーク：『自己認知・コミュニケーションスキル編』㊷㊸㊹㊼、『思春期編』㊷〜㊹

Ⅲ-14

㊲相手の顔や声を気にかけよう　その①

相手の気持ちを表情で察するワークです。応用発展として、鏡を見て自分も同じ表情をしてみたり、ワーク以外の写真やマンガなどの表情を見てどんな気持ちなのか考えるといいでしょう。

【解答】

質問1　①ウ　②キ　③エ　④オ　⑤カ
　　　　⑥ケ　⑦ア　⑧イ　⑨ク

質問2　①OK　②NG　③NG　④OK

㊳相手の顔や声を気にかけよう　その②

相手の気持ちを声色で察するワークです。大人がボードで顔を隠すなど表情は見えないように声だけで気持ちを伝え、判断してもらいます。判断しやすいようにいずれもやや大げさに言ってください。

【解答例】

質問1

①素直にうれしそうな声、やや早口で「これほしかったんだ。ありがとう！」→ほしかった

②またか…とうんざりした声で嫌そうに吐き捨てる感じで「今日の夜ごはんはカレーだ！」→食べたくない

③大きなお世話という感じでゆっくりと「教えてくれて、ありがとう」→うれしくない

④嬉しそうに共感した様子ゆっくりとかみしめるように「あーこれか、知ってる、知ってる！」→うれしい

質問2

①「なーに？」明るい声で→OK

②「なによー」忙しいのに…とうんざりした感じで→NG

③「なあ〜に？」①以上に明るくのばした感じで→OK

④「な…に…」息も絶え絶え具合が悪い感じで→NG

上記の答えは例ですので、子どもの実態に合わせて違う言い方にしてかまいません。

㊴絵の具を貸してくれた友だちの気もち

友だちの発することばの調子に含まれる、気持ちをキャッチできずに、なんとなく浮いてしまう子どもがいます。㊲㊳のワークで学んだように、同じことばでもいろいろな気持ちが込められることを体験します。気持ちを読み取ることが中心のワークですが、練習では「いいよ」と言う役（Bさん）を子どもにやってもらってもよいでしょう。

【解答例】

質問　2、3、4

自己認知・コミュニケーションスキル編

【まとめ】

　相手がどんな気持ちで言ったのかわからないときは、質問してみましょう（「本当にいいの？」のように）

㉚家族や友だちの様子をよく見よう

　何か話したいことがあると、そのときの相手の様子は気にせずに話しかけてくる子どもがいます。話しかける前に、相手の様子を見たほうがいい場合があることが、わかるとよいでしょう。自分が①のお父さんや、②のＣさん（話しかけられる側）だったらどんな気持ちになるかを話題にしてみてもよいでしょう。

①【解答例】

❶すぐにお風呂に行ったことや、お父さんの表情など

❷いつなら質問をしてもいいかを聞く、「○○について明日教えてね」と質問内容を言っておく　など

②【解答例】

❶先生に言われたことで、何かについて落ちこんでいる

❷目をつぶって下をむいたことや、大きなため息をついたこと

❸Ｃさんからそっと離れる、時間をあけて話しかける　など

【まとめ】

　話しかける前に、相手の様子も少し気にしてみましょう。

㉛気もちの表現と読みとりが練習できるゲーム
**　（表情すごろく）**

〈応用編〉＊お題コーナーに止まったとき、お題の内容はみんなに読み聞かせますが、その後の気持ちの部分はその番の子だけに見せて、表情をしてもらいます。順番の子以外の子はその表情を見て４つの中のどの表情か当てます。１人でも当ててもらえたら１マス進める、当ててもらえた子の人数分進める、当てた子は１マス

進めるなどのルールが考えられます。

＊同じ子どもと繰り返しおこなう場合、お題が同じでは飽きてしまうことも考えられます。それぞれの文面を適宜変更して（例えば、①朝起きた、わーいいい天気だ、休み時間校庭で遊べるぞ！Ⓐうれしい／②ご飯をたべてて→ちぇっ、今日はデザートなしだってⒸいやなきもち　など）おこなってみてください。

＊Ａさん、Ｂさんのオリジナルの一日すごろくを作って順番にやるのも楽しいものです。その際は考えることが負担にならないようにお題コーナーの数は半分くらいにするとよいでしょう。

Ⅲ-15
㉜ちょうどよくあやまろう「ごめんなさいゲーム」

　失敗やまちがえはだれにでもあることで、そんな時は謝ることが大切であること、謝り方は状況に応じて変えることは必要であることを知るゲームです。何人でもやれますが、全員が２問くらいおこなうなら４〜５人くらいがよいでしょう。その場合所要時間は15分程度です。

〈事前準備〉

　１）お題カード（P.190）を拡大コピーして切り離してカード状にします。繰り返し使うならラミネートしておくとよいでしょう。

　２）レベルを示す１〜３のレベル棒または数字カードを人数分用意します。

〈進め方〉

①謝り方に程度の違いがあることを考えてもらいます。例えば、「レベル１：肩がぶつかった、待ち合わせに１、２分遅れたとき」「レベル２：ふで箱を落として中身をぶちまけてしまった、待ち合わせに10分程遅れてしまったとき」「レベル３：大切な本をなくしてしまった、30分以上遅れてしまったとき」。それぞれどのように謝るかをことばと身体表現方法で考えてみましょう。

例レベル１：ごめんなさい！　軽く頭を下げる
　　レベル２：心を込めて「ごめんなさい!!」、

39

手を合わせる、頭を下げる

レベル３：本当にごめんなさい、申し訳ありません、数回言う、深々と頭を下げる

②これからお題カードを配ります。配られたらお題を他の人に見られないように気をつけてください。カードにはレベルが書いてあるのでシチュエーションとレベルに合った謝り方を考えましょう。

③順番を決めておわびの言葉をジェスチャーをつけておこなっていきます。みんなはそれがレベル１～３のどの謝りのことばかを考えて「いっせーのーせ」でレベル棒（数字カード）を挙げます。

④出題者はレベルとシチュエーションを発表します。得点方法は当てたら１問１ポイント、当ててもらった人はその人数分ポイントが得られます。

㉝いろいろなありがとうの伝え方
「ありがとうゲーム」

相手への感謝の気持ちは、状況（シチュエーション）によって言い方やジェスチャーを変えるとより伝わります。ゲームを通して練習してみましょう。最初は大人が見本を見せるとよいでしょう。全員が２問くらいおこなうなら４～５人くらい、その場合、時間は15分程度です。

〈事前準備〉

１）お題カード（p.191）を拡大コピーして切り離してカード状にします。繰り返し使うならラミネートをしておくとよいでしょう。

２）レベルを示す１～３のレベル棒または数字カードを人数分用意します。

〈進め方〉

①感謝の気持ちの伝え方には違いがあることを考えてもらいます。例えば、「レベル１：落とした消しゴムを拾ってもらった、図工のとき、ちょっと手伝ってもらった」「レベル２：勉強でわからなところを教えてもらった、お母さんが大好きな夕はんを作ってくれた」「レベル３：道に迷っていたら親切な人が教えてくれた」。それぞれでどのようにお礼を言うかをことばと身体表現で考えてみましょう。

例 レベル１：ありがとう。（友だちなら）サンキューと言って軽く手をあげる。

レベル２：心をこめて「ありがとう」、相手によっては「ありがとうございます」と頭を下げる。

レベル３：心をこめて「どうもありがとう（ございます）」、何かをもらった時は「これ、ほしかったんだ！　すてき！」、助けてもらった時は「助かりました」などの一言を添える。

②これからお題カードを配ります。配られたらお題を他の人に見られないように気をつけてください。カードにはレベルが書いてあるのでシチュエーションとレベルに合った感謝の仕方を考えましょう。

③順番を決めて感謝の気持ちを言葉やジェスチャーで表現します。見ている人たちはそれがレベル１～３のどの感謝の気持ちなのかを考えて「いっせーのーせ」でレベル棒（数字カード、あるいは手）を挙げます。

④出題者はレベルとシチュエーションを発表します。得点方法は当てたら1問1ポイント、当ててもらった人はその人数分のポイントが得らえます。

㉞㉟相手に伝わるようにノーを言おう①②

ロールプレイをおこなう際にはセリフを素読みにするのではなく、表情や声の調子を意識しながら取り組めるようにします。また、ロールプレイの様子をタブレット端末などで撮影し、動画を見ながら振り返りをしたり、子どもが３人以上いる場合は、ロールプレイに参加しないメンバーからコメントをもらうなどしても良いでしょう。

自己認知・コミュニケーションスキル編

【解答例】

① 〈場面1〉言葉（表情や声の調子）
　先生も、自分でって言ってたから自分でやってみなよ（優しく、穏やかに）など

　〈場面2〉言葉（表情や声の調子）
　ごめん、今日は風邪気味なんだよ（申し訳なさそうに）など

② 〈場面1〉言葉（表情や声の調子）
　❶うわぁ、行きたいんだけど金曜日は塾の日だ、ごめんね（残念そうに）など

　〈場面2〉言葉（表情や声の調子）
　❶え、でも学校帰りにコンビニに寄るのは、ルール違反だよ（相手との関係で、強く言うか穏やかに言うかが変わるが、はっきり言う）

＊同時に取り組めるワーク：『社会的行動編』**㉛㉜**

Ⅲ-16

㊱聞きとりやすい話し方①声の大きさについて

　その場に合わせ大きさで話すことを意識するワークです。

【解答】

① （エ）　② （ウ）　③ （カ）　④ （オ）

チャレンジ1・チャレンジ2

　お題（カード）のことばは子どもの状況に合わせて文字数を決めてください。「レモン」「ライオン」などの3〜4文字程度からはじめ、徐々に「交通渋滞」「健康診断」など文字数の多い言葉にチャレンジしてみましょう。また、子どもの好きなキャラクターや季節の言葉（「サンタクロース」など）にすると楽しくできるでしょう。チャレンジが成功したらそれぞれ「聞く人」や「審判役の人」がサインをワークシートに書いてください。

＊同時に取り組めるワーク：『自己認知・コミュニケーションスキル編』**㉛㉜**

㊲聞きとりやすい話し方②速さについて

　相手に聞き取りやすい速さで話すことを意識するワークです。

【解答】

① （イ）　② （エ）　③④ （キ）（ク）

　計測するのでタイマーやストップウォッチを用意してください。

①300文字原稿（p.140）をタイマーで時間を意識しながら1分間で読み終える練習をします。

②タイマーなしで練習した感覚を思い出しながらもう一度原稿を読みます。

③かかった時間を教えてもらい記録します。大きく外れてしまったら再度チャレンジするよう促します。

　子どもの興味の持ちそうな内容の300文字の文を読んでもいいでしょう。

㊳聞きとりやすい話し方③明瞭さについて

　相手に聞き取りやすいように明瞭に話すことを意識するワークです。

【解答】

① （ウ）　②③ （イ）（オ）　④ （ク）

　ネットなどで調べるといろいろな早口言葉が載っています。指導の始めのウォーミングアップとして毎回さまざまなものに挑戦しても楽しいでしょう。

Ⅲ-17

㊴ことば以外の情報の意味

　ジェスチャーやアイコンタクトなど、ノンバーバルコミュニケーションの役割について知るワークです。ヒントにある言葉の理解が難しい場合は、強調→強める、意図→考えなど言いかえて伝えるようにしてください。

【解答】

①B　②③強調、補足

④アイコンタクト　⑤意図　⑥すばやく

＊同時に取り組めるワーク：『自己認知・コミュニケーションスキル編』**㊻〜㊾**

⑩こんなときのサインの意味は？

いずれのシチュエーションにも身振りや手振りによる、ネガティブなメッセージが込められています。こうしたメッセージに対して「こんなのわからない」「はっきり言ってくれたほうがいい」といった反応をしめす子どももいるかもしれません。そうした場合には子どもの気持ちにも共感しつつ、身振り手振りだけで伝えることの意義（例えば、露骨に言葉にするとケンカになってしまうかもしれない、など）について説明できるとよいでしょう。

【解答例】
①いらないよ
②時間を気にしてほしいな、話は終わりにしてほしいな
③ドアの前からどいてほしい、動いてほしい
④「こっちを見ないで、前を向きなさい」
⑤館内は飲食禁止ですよ
＊同時に取り組めるワーク：『自己認知・コミュニケーションスキル編』⑰

⑪視線で相手に情報を伝えたり、相手の意図を判断することが練習できるゲーム

コミュニケーションがノンバーバル（非言語）コミュニケーションに依存している割合は高く、このワークではその中でもボディーランゲージの目くばせや、ちょっとした動きを楽しみながら練習します。目くばせなど普段やらない動きなので慣れないと難しいかもしれません。最初は伝える役を大人が担当し、子どもは他者の目の微妙な動きを読み取ることを経験し、慣れてきたら伝える役をやる等、段階を踏んでもよいでしょう。

Ⅲ-18

⑫インターネットの基礎知識（メリットとデメリット）

ネットの世界にはさまざまな情報があふれています。重たい辞書を開かなくてもほしい情報がすぐに手に入る反面、情報の真偽を見極める力が求められます。意図せず加害者、被害者にな

らないためにも、インターネットの使い方を今一度確認する機会にしましょう。

【解答例】
❶その他のメリット：調べたいことをすぐに検索して調べることができる、いつでも連絡が取れる、データをネット上に保存しておけるなど
❷その他のデメリット：SNSなどすぐに反応しないと人間関係に影響が出ることがある、すぐにネットで検索ができるので調べる力が身につかない、過去に投稿したデータが残ってしまう　など

⑬チャットアプリのコミュニケーションマナー

チャットアプリによるコミュニケーションでは、そのときの状況や相手との関係性によってマナー違反となる場合もあれば、そうではない場合もあります。極端なものを除けば、人によってマナーやルールの認識が異なるということは珍しくないでしょう。チャットアプリを利用する相手とマナーやルールについて話題にしておくことも大切です。

【解答例】❶
①読みにくいから、相手が気軽に返事をしにくくなるからなど
②スタンプや絵文字が多すぎると、伝えたいことがわかりにくくなるからなど
③夜中など、迷惑な時間かもしれないからなど
④一度相手に届いてしまったものは消せないから、相手を傷つけるようなことではないかチェックするとよいからなど
⑤相手をおどろかせてしまったり、緊急の用事だと思わせてしまうからなど
❷相手が手があいてるかどうか確認する、相手を傷つけることばではないか気をつける、お互いが楽しめる話題にする、あいさつをしてから会話を始めるなど
❸に関しては、さまざまな解答が想定されますので、一番選ばれるであろう選択肢に関して

自己認知・コミュニケーションスキル編

のみ、その理由を記載します。子どもが「なぜ、これが悪いマナーなの？」のように聞いてきたときの参考にしてください。

①悪い：相手は忙しくて返信できないのかもしれないから、返信内容を考えている途中かもしれないから。

②どちらとも言えない：遅い時間のメッセージは控えたほうがいいが、緊急の場合は仕方がないから。

③よい：文字入りスタンプなど、十分伝わるのであれば問題ない

④悪い：食事を作ってくれた人に失礼だから

⑤悪い：いきなりの電話は相手がびっくりする。「これから電話してもいい？」などのメッセージが必要。

⑥悪い：写真を送ってくれた人は、大勢の人に見せるつもりで送ったのではないから

⑭グループチャットで誤解されちゃった…

チャットアプリでやり取りするとき、基本的には文字中心のやりとりになるため対面で話す時以上に相手にどのように伝わるのか考えてからメッセージを送る必要があります。語尾のイントネーションをつけるか、つけないかで意味が変わる言葉の場合、誤解されない表現にする必要があります。誤解なく自分の意見を伝える方法を考えてみましょう。ワークをしながら実際に子どもたちが経験した誤解について話してもらえたら、他の子どもと、シェアするのもいいでしょう。

【解答例】
質問1　Aさんはキーホルダーのことを気に入っていないと、みんなは感じたから

質問2　「見て、かわいいでしょう。これはBちゃんにもらったキーホルダーだよ」

質問3　「あのアニメ、おもしろいよね」
「私たちは友だちだよね。そうだよね。」

【まとめ】
メッセージを送る前には、自分のメッセージがわかりにくくないか、だれかを傷つける可能

性がないか考えましょう。

⑮実際には会ったことのない友だちに…

写真一つでも自分は意図しなかった情報が相手に伝わってしまうことがあります。制服で学校が特定された、背景に写り込んだ建物で生活圏が知られてしまった、ペットの瞳を拡大したら自分の姿が写り込んでいたなど。ネット上では同じ話題で盛り上がる相手だとしても相手の素性はわかりません。同年代の可能性もありますが、同年代になりすました「悪い大人」の可能性も少なくありません。関係のない人に写真を転送されるかもしれません。写真を送っても良いのか、送ったことによるリスクは何か、を話し合うとよいでしょう。

⑯既読無視して絶交された

便利なチャットアプリですが、もらったメッセージに、どのタイミングで、どのように返信するとよいかが子どもによってはつかめていない場合があります。子どもと話し合ってワークを進めてみましょう。意図せず誤解されてしまった場合への対処法も合わせて話し合うと子どもにも印象にのこり使えるスキルになるでしょう。

【解答例】
質問3　Aさんがすべきだったこと：「今日習い事があるから、○○時ごろ連絡するね」のように一言伝えておく、先延ばしにせずメッセージを見た時に返事をする　など

Bさんがすべきだったこと：Aさんはもしかしたら用事があってすぐに返事ができない状況なのかもしれない、という可能性を考えておくなど

【まとめ】
「チャットアプリは、直接のコミュニケーションのようにスムーズにいかないこともあると思って使いましょう。

Ⅳ-19

㉗しつこくすると、どうなるのかな

しつこくすると相手に嫌がられる、たとえ楽しいことでも程度や加減を意識することが大切であることを知るワークです。

【解答例】

❶Bさんとたのしくあそびたかった

❷おこっている

❸同じことを何度も何度もすること

❹いや

【まとめ例】

同じことをなんども繰り返されると相手は嫌な気持ちになるので気をつけよう。同じ話題は2回くらいまでにすること、もしやめてといわれたらすぐにやめたほうがいい。

㉘相手に話しかけるコツとは

じっと見つめていても、相手の後ろに立っていても、相手はあなたが話しかけたいと気づかなければ意味がありません。相手に話しかけるコツの知識を一緒に学びましょう。

【解答例】

●Aさんの行動で、違うやり方がよかったところ

・後ろのほうに立って待つことにしました。(相手の見える場所に立ったほうがいい)

・「あ、あの…あのさ…」(もっとはっきり話したほうがいい)

・どなってその場を離れました（いやな気持になってもどならないほうがいい）

【まとめ】

①②いそがしそうな、他の人と話している

③相手の名前　④きっかけ　⑤前のほう

＊同時に取り組めるワーク:『社会的行動編』⓫⓬、『思春期編』㉚㉛

㉙カルタづくりのときに

人が話している話題に興味がわいたときに、どのように加わればよいかを考えるワークです。突然、話に割り込まれるとどんな風に感じるか、どのように加わってくれると気持ちよく会話が続くのかを一緒に考えられるとよいですね。子どもの「きっかけことば」の数を増やすきっかけにしましょう。

【解答】

❶②④⑥　❷①②③

【まとめ】

人の話にはいるときは、前置きをしてから話に加わりましょう。もし、ダメと言われたら無理に話し続けないようにしましょう。

㉚急に会話に入らないで

人が会話をしているときに急にその会話に入って来る人がいます。入ってくる人は特に悪気もなく、自分が伝えたいことがあるから話しかけるのですが、会話に入って来られたほうは迷惑です。ここでは、迷惑だな、と感じるほうを先に経験し、どうしてほしかったかを考え、その考えに基づいて（相手の立場に立って）、もう一度、会話中の二人の間に入っていく練習をします。

ロールプレイ① 場面例

Aさん、Bさんがしりとりをしているところに、Cさんが「(　　　)ってさあ」と二人の間に割り込んで話を始め、少し長く続ける。最初はCさん役を大人がやるほうがスムーズです。

＊(　　　)に入る内容は、しりとりと関係のないことなら何でもかまいません。唐突感を出してください。

【解答例】●考えてみよう

・「お話し中ごめんね。今ちょっといいかな」のように言ってから話す

・二人に気づいてもらえる場所に立って、気づいてもらえたら話す

・「あの…」と、しりとりをじゃましないような声を一言かける　など

ロールプレイ② 「考えてみよう」で出たセリフを使って同じようにおこないます。最初からCさん役を子どもにやってもらいます。

【まとめ例】

会話をしているところに入りたいときには、一言ていねいに声をかけてみましょう。

㉛探ていビンゴ

自分から話しかける経験がたくさんできるゲームです。みんなでやり方を読んでからやってください。

各自が9マスの台紙（p.192）に質問を埋めていくにあたっては、印刷できるラベルシートに印刷しておくと、子どもたちは貼るだけなので、すぐに遊び始められます。p.157の〈お題シート例〉を拡大コピーして、はさみで切り離しておいてもよいでしょう。子どもたちは各自が異なる9つの質問の組み合わせでビンゴシートを完成させられるようにします。

話しかけることが練習したいので、台紙の一番下にあるあいさつのことばも省略しないで言うように声をかけましょう。

※同時に取り組めるワーク：『教室家庭でいますぐできるSST101』⓰～⓲

Ⅳ-20

㉜うれしい気持ちを伝えよう

会話のキャッチボールが継続できたり、会話すること自体が楽しめる子ども向けのワークです。リラックスして話せるようにするために、それぞれの子どもがあげてくれた内容（経験、できること）については、まず共感的に聞いてみましょう。そしてワーク後半で取り上げられているような内容について、あまり気にしていないような子であれば、以下㉞㉟のワークもおこなってみましょう。

【解答例】気にしたほうがいいこと

①ふだんから　②ほかのこと

③楽しそうに　④話していること

㉝ほめられてうれしいときは…

クラスメイトが大勢いる中でほめられたとき、

嬉しい気持ちをどのように表現すると適切かを考えるワークです。

【解答例】

❶③（②もその人の性格やクラスの雰囲気によって好意的に受け止められる場合もある）

❷③を選んだ理由：先生やクラスメイトにほめてもらったことについて、お礼とうれしいの気もちの両方を伝えると良いから。

②を選んだ理由：ほめられて注目されて恥ずかしかったり、すぐに言葉が出てこないときは、笑顔でも気もちが伝わるから。

❸①や④を選ばなかった理由：うれしい気もちよりも得意気になっていることのほうが強く伝わってしまうから。

⑤を選ばなかった理由：スポーツや外遊びの場面では、大きな声を出して喜んでも、その場が盛り上がるが、今は室内なので②や③の表し方のほうがいいから。

❹ほめてもらったときは、場面に合わせて、相手にお礼と自分のうれしい気もちを一言伝えると良い。

㉞よく知らない人に言い続けても…

好きなことを話したいときは相手や状況を見て話すことが大事で、あまり親しくない人には長くは話さないほうがいいことを知るワークです。

【解答例】

質問1　困っている

質問2　④話を変えたいと思ったから

質問3　「（A！）いい加減に話をやめなさい」「もう終わりにして。Cちゃんのお母さんが困っているわよ」など

【まとめ例】

好きなことやうれしいことなど、たくさん話したくても話す相手や、話す長さに気をつけましょう。

㉟テーマパークに行ってきた話を聞いて！

楽しかったことを何度も話して、相手が出して

いる「その話はもう聞いたよ」というサイン（表情やしぐさ）に気づかない子どもがいます。同じ話を何度もしないこと、話しながら相手の様子を見ることを確認しましょう。

【解答例】

質問1　①Aさんの話にとてもきょうみを持っている
　　　　②「今日、その話は2度目だな。でも聞いてあげよう」
　　　　③楽しかったのはわかったけど、もうその話は終わりにしてほしいな。

質問2　とても楽しかったことについての話でも、「また、話して」のように言われてない場合は何度もしないほうがいい

質問3　①⑤

【まとめ例】
楽しかったことを話すのは悪いことではありません。でも、何度も話さないようにしたり、相手が楽しく聞いてくれているか気にするようにしましょう。

＊同時に取り組めるワーク：『自己認知・コミュニケーションスキル編』❺⑨

Ⅳ-21

㊱自分が気にならなくても

　身だしなみに気をつけて生活することの大切さは、相手の気持ちを意識することと深く関係しています。このワークに出てくるようにAさんのように、「自分は気にならないから」という理由で、身だしなみについて無とん着な子どもも少なくないです。本書全体でも、身だしなみについてのワークはこのワークだけですので、身だしなみについての、それぞれの子どもの受け止め方を確認するのにも用いてください。

【解答例】
❶❷Aさんに伝えたいこと
①だらしない人だな　など
②きたないからそばにいたくないな　など
③汗のにおいがくさいな　など
④ハンカチも持っていないのかな　など

【まとめ例】
　自分の見た目やにおいを気にすることは、とても大切なことで、まわりの人への気づかいです。

㊲なぜか相手をおこらせてしまうAさん

　相手を怒らせる気持ちはまったくないのに、言ってしまった後に怒られたり責められたりすることがあります。そういったことが続くと人と話すこともつらくなってしまいます。Aさんを例にして、そういう経験がもしあればそのとき、どのように言えばよかったかを一緒に考えてみてください。

【解答例】❷
①傷つけるかもしれない　②共感のことば
③尊重する　④はげまし　⑤わざわざ聞かない

【まとめ】
　ことばを実際に口にする前に、相手がいやがることではないか考えましょう。
　言っていいことなのか自分一人では判断できないときは、大人にアドバイスをもらいましょう。

㊳なぜ言わないほうがいいの？
　本当のことなのに①

　相手の気持ちや状況を感じ取るのが苦手だったり、自分の発言が、相手にどう受け取られるかを気にしていない子ども向けのワークです。発言が不適切かは相手との関係性によるところが大きいので、「これくらいのこと、言ってもいいんじゃないですか」という反応も子どもから出るかもしれません。その子どもの考え方も尊重しつつ、気にしたほうがいい場合があることも理解できるとよいでしょう。

【解答例】
❶①身体的なことは、その人がどんなふうに感じているかわからないし、変えられないことだから
　②そのズボンよく似合ってるねなど、服装などのこととしてほめる

46

自己認知・コミュニケーションスキル編

❷①相手は、楽しかったという気持ちを伝えた
　　いだけだから
　②前はそのアニメよく見たな〜。今回はどん
　　なストーリーだった？
❸①せっかく出してくれたものだから
　②「今、お腹がいっぱいなんです」「持って帰っ
　　ていただきます」のように言う
＊同時に取り組めるワーク：『自己認知・コミュニ
　　ケーションスキル編』55 56、『社会的行動編』60 61、
　　『思春期編』56〜58

❽⑨なぜ言わないほうがいいの？
本当のことなのに②
【解答例】
❶①自分で言っていることと同じ内容でも、相
　　手に言われると傷つくことがあるから
　②「読めるから大丈夫ですよ」「読めないと
　　ころがあったら聞きます」
❷①かいだことのないにおいでも、何のにおい
　　かわからないときは「へんな」と言わない
　　ほうがよいから
　②「このにおいは何のにおいですか。知らな
　　いにおいです」
❸①病院に行くことに対して、その子がどんな
　　気持ちでいるかわからないから
　②「また明日ね」「連絡事項があったら聞いて
　　おくね」

❾⓪ひそひそ話をされた子の気もちは
　　ないしょ話（ひそひそ話）はされている人にとっ
ては嫌なことなのでするべきではないことを知る
ワークです。
【解答例】
❶たのしい
　　理由：楽しいことを教えているから
❷❶のときの気持ちとおなじ
　　理由：楽しいことを聞いてうなずいている
　　　　　から
❸かなしい

　　理由：自分がいることに気づいているのにB
　　　　　さんはCさんにひそひそ話を続けて
　　　　　いて仲間はずれにされているように
　　　　　感じたから
❹ひそひそ話をされると仲間はずれにされて
　　いると感じて、悲しい気持になります。ひ
　　そひそ話はしないようにしましょう。

❾①プレゼント交かんのマナーとは
【解答例】
❷Aさんが残念がっているプレゼントはCさん
　　が持ってきたものだったから
❸△や×になるものと理由
　①プレゼント交換は、だれが何を持ってきた
　　のかわからないのを楽しむものだから
　②金額を守らないと、不公平な感じがして楽
　　しめなくなるから
　⑤自分がもらってもうれしいものを持ってい
　　くのが、プレゼント交換のマナーだから
　⑥もともとのプレゼントを出した人が、いや
　　な気持になるから
【まとめ】
　　もらう人の気持ち、そのプレゼントを持って
きた人の気持ちを両方考えるようにしましょう。

❾②知っているゲームのルールだと聞こうとしない
　　自分はそのゲームの遊び方を知っているけれ
ど、知らない人もいる。そんなとき、どのような
振る舞いが適切か考えるワークです。相手の気
持ちを考えられるような声かけをして一緒に考え
てみましょう。
【解答例】
❶ゲームのルールを知っているということのほ
　　かに、早く遊びたい、話を聞いている間、何
　　もせず待っているのがいや、あせる気持ちが
　　あるなど
❷仲間外れにされた気持ち、さみしい気持ち
❸①②③⑤

47

【まとめ】

「ルールを知らない子がいても、急がせたりせず、みんなが楽しめるように協力しよう」

㉝声をかける？　見守る？

子どもが慣れるまで、Ｂさん役（声をかけてもらう側）は大人がやったほうがよいかもしれません。Ｂさん役もやれると同じ出来事を２つの視点で見られます。

【まとめ例】

相手の様子を見て、相手が助かる行動がとれるといいですね。

㉞気もちくらべシート

同じことでも人によって好き嫌いがあること、得手不得手は人によって異なることを視覚的に理解します。完成したシートを見ながら理由も伝え合えると、同じ好き（きらい）でもその理由が違っていることを発見できて、より楽しい会話になります。ことばカードをシートに貼るときは、好きまたはきらいの度合いを貼る位置で表します。

Ⅳ-22
㉟ていねいな言葉に言いかえてみよう

ていねいな言葉を使うことは良いことですが、ていねいに話すと逆におかしくなってしまう場合もあります。それは相手との関係性（同年代、年上、年下など）にもよるということに気づくためのワークです。

【解答例】

①私はこの話に感動したよ

②ありがとうございます

③ごめんね、宿題があるから先に帰るね

④おじさん、お年玉をありがとうございます。大切に使います

⑤さようなら

＊同時に取り組めるワーク：『自己認知・コミュニケーションスキル編』㊿〜㊴

㊱この人にはどんな言い方？①

同じ内容でも相手の年齢や理解力、自分との関係性によって、話し方が変わることについて、具体例を通して、学ぶワークです。答え合わせの後で、それぞれの言い回しのちがいについて、気がついたことなどを話し合ってから、次の「この人にはどんな言い方？②」のワークに進むといいでしょう。

【解答】

先生：㋑

クラスメイト：㋐

弟（４さい）：㋒

㊲この人にはどんな言い方？②

相手の年齢や理解力、自分との関係性によって、どのように話し方を変えるか、実践的に練習するワークです。解答を書いた後で、ロールプレイをすると、声の大きさや抑揚のつけ方なども体験できます。また、応用として、ライバルのＢさんの名前をわざわざ言うのか、言わないのかなど、細かい部分について話し合ってもいいでしょう。相手の立場を考えた話し方について理解が深まると思います。

【解答例】

先生：この前、スイミングの大会があったのですが、１年生の時から勝てなかったライバルの子に初めて勝って、やっと優勝できました。とても嬉しかったです。

クラスメイト：１年生の時から、ずっとスイミング習ってたんだけど、この前、初めて優勝したんだ！　うれしかったよ。

弟（４さい）：この前のスイミングの競争で、一番になったよ！　ずっと勝てなかった子に勝てて、すっごいうれしかった。

㊳ていねいすぎるとかえって

同級生や、年下の子に対してであっても、ですます調で話す子どもがいます。その子どものコミュニケーションの取り方ですので、良い悪いではありませんし、礼儀正しく見える話し方は大人

自己認知・コミュニケーションスキル編

になって役立つ場面もあるかもしれません。しかし、多くの人は同級生や年下の子にですます調では話さない、ということを知識として知っておくこともよいでしょう。また、仲よくなりたい相手とは、ですますをつけずに話すことも、このワークなどを通して練習していくとよいでしょう。

【解答例】

❶昨日、Aさんと遊んで楽しかったから

❸③⑤

【まとめ】

　楽しく遊べる相手には、できるだけ「です」「ます」をつけないで話してみましょう。

Ⅳ-23

㊿会話をおもしろくするために（冗談、誇張、比喩）

　会話で使われることのある冗談、誇張、比喩の表現。これらを使って話すことを勧めるというよりはそのような意味合いで話す人もいるということを知るワークです。

【解答】

冗談「だめでーす」

誇張「何十年待ったんだろうね」

比喩「まるでチーターみたいだよ」

　　「Bくんはチーターだね！」

＊同時に取り組めるワーク：『自己認知・コミュニケーションスキル編』㉜～㉟

⓿冗談、誇張、比喩がふくまれた会話

　冗談や誇張を理解することは難しいものです。やや大げさな表現のもので、どんなことを言おうとしているかを読み取る練習します。冗談、誇張、比喩の区別が難しい場合は、㊿のワークを見返してもみましょう。国語の学習ではないのであまりこだわらず、その発言の意図がつかめればよいでしょう。

【解答例】

❶-1「富士の樹海のようね」

❶-2 比喩

❶-3 必要なものがすぐに探せないほどひどく

散らかっているということ（富士の樹海に入ると出てこられなくなるとも言われている）。

❷-1「電波の届かない地下にでももぐっていたの？」

❷-2 冗談

❷-3 電話をしたのに、出てくれなくて困ったという気持ち

❸-1「その話はもう100回聞いたよ」

❸-2 誇張

❸-3 何回も同じことを言われてイライラしているということ

❹-1「香港は眠らない街」

❹-2 誇張

❹-3 香港はとてもにぎやかな街で、早朝から深夜までずっと活気があるということ

⓫強調がよく伝わるのはどれ？

　自分の言いたいことを強めるために、あえて大げさに言うことがあることを知ったり、そういう表現を実際に使ってみるワークです。

　❶→②、❷→③、❸→③、❹→②が△になることが想定されている選択肢です。それ以外のものに△をつけた場合は、どうしてそういう言い方をすることが、意味の強調になるのかを子どもに考えてもらいます。また、「とても辛いカレーを食べた時、どうやって強調する？」のように尋ねて、自分なりの強調表現を考えてもらってもよいでしょう。

Ⅳ-24

⓬なんて言ってもらいたいのかな？

　話しかけられたときは、何も返さないのではなく、相手の気持ちを察して応じるとよいことを知るワークです。

【解答例】

❶「そっかー、そういうこともあるよね」「ぼく（わたし）も全然だったよ」「次があるよ」など

❷「なになに？教えて？」「へーよかったね！」

49

「どんなこと？」

❸「何買ってもらうの？」「楽しみだね？」「いいなー」

❹「早く終わってほしいよね」「私（ぼく）もだよ」「やだよねー」

＊同時に取り組めるワーク：『社会的行動編』❺❿❺❷

⓬「言外の意味」って？　「暗黙の了解」って？

　良好な対人関係を築いたり、適切な集団行動をするために、言葉以外の情報も読み取ることが大切であることを確認するワークです。ワークの後半部分に説明文が書いてあるので、ワークの進め方として、まずは、❶と❷の質問と〈場面A・B〉のイラストだけを子どもには見せ、ワークの下半分は折った状態でやってもよいでしょう。

【解答例】

❶相手がますますイライラした気もちになる

❷「きをつけ」の姿勢で、先生のほうに顔を向けて見る

❸場面や状況、気もち、反応

＊同時に取り組めるワーク：『自己認知・コミュニケーションスキル編』⓺⓺～⓺⓼、『思春期編』⓼⓸

⓮「ということで」「だいじょうぶ」って？

　会話には省略したりすることがあります。また、同じ言葉での文脈の中で意味が変わることもあります。まずそのことを知り、意図がよくわからなかったらわかったふりをするのではなく確認することが大切であることを知ります。

【解答】

質問1　きまった

質問2　あさっての放課後に３人でトランプをやるということ

質問3　あさっては遊べる

質問4　①コーヒーのおかわりはいらない

　　　　②来週の水曜日にカフェに行ける

⓯相手は今どんな気もち？

　このエピソードのように、直接言葉に現れな

いメッセージを読み取ることはコミュニケーションの中で重要な要素になります。一方で、こうしたメッセージは見落としがちだったり、その場では理解できずに後々になって気づく、ということもあるでしょう。さまざまな経験を通じて少しずつ、相手の意図を理解することを意識できるようにしていきましょう。

【解答例】

1❶塾の時間が近づいてきてあせっている

　❷時計を見たり、カバンに手をかけて話している

2❶もうすぐばんごはんの時間になるから、Cさんにもう帰ってほしい

　❷「そろそろごはんにするよ」とDさんに行ったり、食器を片づけたりしている

【まとめ例】

　自分の気持ちだけでなく、相手の様子を見ながら、相手の気持ちも考えられるようにする。

⓰家族との生活で

　学校などの場面で、暗黙のルールに沿って行動するのが苦手な子どもがいますが、家庭での生活でも家族と生活ペースを合わせずに、自分の好きなようにふるまってしまう子どももいます。家族であっても思いやりをもってくらす必要があるということについてのワークです。その子どもの家庭での生活ぶりが見えてくるかもしれません。

【解答例】

〈場面A〉休みの日くらい、ゆっくり寝かせてよ。もう少し静かに過ごしていてほしい。

〈場面B〉頭が痛いとさっき言ったのだから、具合悪いということをわかってほしい。

〈場面C〉雨が降ってきたら洗たく物がぬれないように家の中にいれておいてね

自己認知スキル編

1 おためしボディイメージ

　ボディイメージ、と言うことばを知っていますか？　ボディは「体」、イメージは「心の中で思うこと」の意味です。ボディイメージは「体の地図」と呼ばれることがあります。自分の肩の長さ（はば）がどのくらいあって、せまいところを通るときにぶつからないように行けたり、絶対に通れないことがわかるのは、自分の体の地図（体の大きさ）がわかっているからなのです。

こんなこと ありますか？	▶ 教室で、机やいすにぶつかる	● よくある	● 少しある	● ない
	▶ 廊下などで人とぶつかる	● よくある	● 少しある	● ない

チャレンジ① 感じてみよう！	目かくしをして立ちます。体（服の上から）いくつかの場所にシールかクリップを3〜4カ所つけてもらいます。体にくっつけられるときに、その場所を感じとり、全部はりおわったら目かくしをしたまま、はずしてみます。ペアになって、はる人とはられる人とで順番にやってみるといいでしょう。 ＊背中の真ん中など手が届かない場所にはつけないことにしましょう。 　　●せいこう　　　●ざんねん　さいチャレンジ

チャレンジ② くぐりぬけよう！	新聞紙（またはそのくらいの大きさの紙）の真ん中に50センチくらいの穴をあけます。そして、足のつま先から、または頭から破らないように通りぬけてみましょう。 ＊50センチが成功したら、もう少し穴の大きさを小さくしてチャレンジしてみましょう。 　　●せいこう　　　●ざんねん　さいチャレンジ

チャレンジ③ 歩いてみよう！	教室にある机を、30センチくらい間をあけて左右に4台くらいずつ並べます。 　机の上にふで箱、本、定規などを少しずつはみ出させて、それらにぶつからないように通りぬけてみましょう。 ＊はみ出させ方を色々変えてやってみましょう。 　　●せいこう　　　●ざんねん　さいチャレンジ

まとめ

　3つやってみて、ちょっとむずかしいな、と感じた人は、体の地図がまだ、うまく完成していないのかもしれません。知らないうちに人にぶつかったり、物を落としたりしているかもしれません。でも、そんなときは「ごめんね、うっかりしてた〜」とあやまればだいじょうぶですよ。

2 じょうずに目的地まで歩くには？

次のお話を読んで、考えてみましょう。

　３年生のAさんは中休みに、クラスのみんなと校庭でドッジボールをするのが楽しみです。今日も「これで学習を終わります」という日直の号令と同時に、何人かの友だちはいきおいよく教室を飛び出しました。すぐその後に続こうとしたAさんは教室を出るまでに、机やいすに、足やこしをぶつけてしまいました。「いててっ」と言いながら、ろう下に出ると今度はろう下を通る人たちにもみくちゃにされ、やっとの思いで校庭に出ると、クラスの友だちがどこにいるか探すまでに時間がかかってしまい、遊べる時間は少なくなってしまいました。

❶体をぶつけないために、Aさんは教室を出るときに、どうしたらよかったでしょうか？　よいと思うものを選びましょう（いくつでも）

1	号令の前に教室を出る	3	机やいすがあって通りにくいところを無理に通らない
2	人が少ないところを選んで歩く	4	「どいてくれ〜」と大きな声で言いながら歩く

❷ろう下では、Aさんはどうしたらよかったでしょうか？　よいと思うものを選びましょう（いくつでも）

5	自分の行きたい方に進む人の流れについて歩く	7	両手を使って、人をどけながら歩く。
6	通りにくいときは無理に進まず、少し待つ	8	遠回りになっても、人がすくないろう下を通っていく

❸あわてずに校庭まで行けるようにするために、Aさんはどうしたらよかったでしょうか？　よいと思うものを選びましょう（いくつでも）

9	教室を出ようとする友だちに「待ってて」と言って待ってもらう	11	「ぼくもドッチボールやるから」と伝えておく
10	すぐにはける、ビーチサンダルで学校に行く	12	校庭のどのへんで遊ぶかを聞いておく

❹1〜12でやらないほうがいいことと、その理由を書きましょう

番号	理由

まとめ

3 ボディイメージを育てよう

〈探検隊になって、目の前のコースを進んでいこう〉

お友だちといっしょに、もぐったりまたいだりして、わなや、てきをよけて進んでいきます。よけるためには、ゆっくりしんちょうに進むことが必要です。また、ぶつかったり落ちたりするとわなが作動するかもしれませんので、バランスをとって進むことも大切です。

どうしたら自分の身体がうまく動くか考えてやってみましょう。

また、自分では気づかないこともたくさんあります。見ていたお友だちや先生からアドバイスをもらって、まわりからどう見えているかも参考にしながら取り組んでみましょう。

- まずは一回、目の前のコースをやってみましょう。うまくいった場所、ぶつかった場所などおぼえておきましょう。
- 次にやるときには、どんなことに気をつけるともっとうまく進めるか考えてからやってみましょう。リストにないときは、書き加えていいです。

	ゆっくり、足や身体の動かし方を考えながら進む
	一回止まって計画してから進む
	進む方向を見ながらおこなう（または足元を見ながらおこなう）
	先生や友だちに手伝ってもらいながら進む

- あなたの動きのとくちょうを考えましょう。どんなことに気づきましたか？
見ていた先生や友だちに聞いてみるのもよいでしょう。

	目がまわりやすい
	おしりがぶつかりやすい
	身体を止めていることが苦手（動いていたほうが楽）
	人よりも高い場所がこわいと感じている
	足が引っかかって、よくころぶ

- いつもの行動や生活で、どんなことに気をつけるといいか先生やお家の人と考えてみましょう。どのようにするとうまくいきそうですか？（書ける人は、次のページに書いてみましょう）

探検隊をやって気づいたこと

ふだんの行動や生活で、どんなことに気をつけるとよさそうですか？
自分の考えと、先生やお家の人からのアドバイスを書いてみましょう。

自分の考え

アドバイス

ふだんの生活や行動で、気づいたことをやってみましょう

学校で気をつけたほうがいいとき	やってみた方法	きろく
例：教室で、机やいすにぶつからずに歩く	→ 歩く前に机やいすを見て、体のむきをかえる	（やってみた日）　　月　　日 感想
		お家の人からひとこと

家で気をつけたほうがいいとき	やってみた方法	きろく
例：ドアを強くしめない	→ しまるまで、ドアノブやレバーを手からはなさない	（やってみた日）　　月　　日 感想
		お家の人からひとこと

4 やってみよう！ボディイメージの発達をうながす遊び
（①ボールを取ってみよう／②もぐってくぐってよーいドン！／③お手玉のせあいさつ）

　ボディイメージには、体の地図となる"地理的要素"と、どこまで動き届くのかを認識する"機能的要素"があります。それらの発達をうながすためには、3つの初期感覚（固有覚・前庭覚・触覚）※を活動の中に意識的に取り入れることが大切です。また、それが訓練にならないようにそれぞれの子どもの興味に合わせて変化させ、楽しくおこなうことも重要です。特に小学校低学年くらいまでは、環境に対してどのようにかかわっていけばよいのか、脳が作りあげている段階です。自らの気づきを大切に楽しく取り組んでみてください。

※ 初期感覚：固有覚（筋肉や関節などの感覚）・前庭覚（重力・平衡・速度などの感覚）・触覚（触れた・触れられたことや味覚・嗅覚・圧力などを感じる感覚））

①ボールを取ってみよう（幼児〜低学年）

用意するもの ゴムボールやボールプール用のボールなどのやわらかいボール

進め方 大人（親、先生など）は子どもの服の中にボールを入れます。初めは取りやすい首の近辺や胸、おなかなどに入れてあげましょう。
徐々に背中の中心あたりなど、届きにくいところや見えないところに入れて、体の感覚だけで取ってみましょう。見えないところに意識が向くことが大切です。気がつかないときは、大人がボールをぐっと押しつけたり、声かけをして背面に意識が向けられるように支援してください。

応用 複数のボールを入れたり時間を計ったりして難易度を調整すると良いでしょう。

②もぐってくぐってよーいドン！（小学生以上）

用意するもの 広い空間があればとくに何もありません。少人数でもおこなえますが、5人くらいいた方がよりよいでしょう。

進め方 はじめにくぐる人以外は全員四つばいになりましょう。小学生の子ども同士の場合、はじめは高ばいの姿勢が良いかもしれません。くぐる人は全員くぐり終えたら、今度はトンネルの係になります。ぶつからないようにスムーズに通り抜けながらゴールまで進んでいきます。

応用 徐々にトンネルの大きさを小さくしてみたり時間を計ったりしてみましょう。

※トンネルが崩れると危ないので、設定距離に気をつけてください。注意喚起とともに、無理のないよう大人が観察してください。

③お手玉のせあいさつ（高学年向け。低学年以下はサーキットの中などで短距離が良いでしょう）

用意するもの　落ちづらく少し重さのあるお手玉（例：ビーンズバッグ）

進　め　方　頭にお手玉などの重りをのせて歩き、すれ違ったら手と手でタッチします。

力加減や距離に気をつけてぶつからないように歩いてみましょう。

頭に重りをのせるとこで、重力をより意識し、また落とさないよう全身をコントロールしようという意識がはたらきやすいです。

できれば裸足になれると、地面と接触しているのでより体のバランスを感じやすくなります。活動のはじめのあいさつとしても利用できます。

応　　用　上手になってきたら、頭にのせるものを布などの軽いものに変えていっても良いでしょう。

まとめ

　ボディイメージを育てる遊びは、特別な器具を利用しなくても日常の工夫次第でいろいろとおこなうことができます。

　例えば、何も道具がなければ、おしくらまんじゅうをするだけでも、力加減や自分の背面に意識が向くようになりますし、公園にあるジャングルジム（複合遊具でもよいです）も初期感覚を存分に使った遊びです。

　お布団にくるまったときにす巻きにされたところから青虫のように出てくることも自分の身体の外枠を感じる経験になりますし、お布団の端を引っ張って転がせば回転する感覚を味わうこともできます。

　また、縁石を使ったトンじゃんけん（出会った相手チームの子にそっとタッチするドンじゃんけん）、だるまさんがころんだ、鬼ごっこなどよくやる遊びも、視点を変えれば楽しいボディイメージを育てる遊びとなります。

　どんな視点でおこなうかを考え、いつもやっている遊びやゲームの仕掛けを少し変えるだけで、楽しいだけでなく、体の発達にもつながる遊びとなります。工夫し発展させながら続けていける遊びを考えてみましょう。

5 身近な親せき

あなたには、どんな親せきの人がいますか。おじいさん、おばあさんだけではなく、お父さんかお母さんにきょうだいがいる場合はおじさんやおばさん、いとこともいるでしょう。その中には、あなたにとても優しくしてくれる人もいるかもしれませんね。でも、その人と自分のつながりをちゃんとわかっていますか？

●この一年くらいの間で、あなたが会った親せきとあなたの関係を書いてみましょう。

その人の名前　　　　　　　　さん	自分から見てその人は

母方・父方の（祖父、祖母、おじ、おば、いとこ、大おじ、大おばなど）

その人の名前　　　　　　　　さん	自分から見てその人は

母方・父方の（祖父、祖母、おじ、おば、いとこ、大おじ、大おばなど）

その人の名前　　　　　　　　さん	自分から見てその人は

母方・父方の（祖父、祖母、おじ、おば、いとこ、大おじ、大おばなど）

●上に書いた人が出てくる家系図を書いてみよう。全員でなくて大丈夫です。

家系図の例

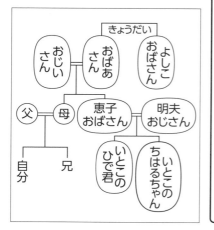

まとめ

親せきの人の名前や自分との関係を知ることも、自分について知ることの大切な一つです。あまり考えたことがなかった人もこのワークをきっかけにしてみましょう。

6 家族との◯◯なこと

家族といっしょにすること、家族によく言われること、ほめられること、注意されることなど、思い出してみましょう。それは、自分の「気もち」「必要(ひつよう)なこと」「大切(たいせつ)なこと」に気がついたり、考えるヒントになります。

●あてはまる人、ところを◯でかこみましょう。そして、下線に内容や理由、そのときの自分の気もちを書きましょう。

①ぼく・わたしは、お父さん・お母さん・お兄さん・お姉さん・弟・妹・おじいちゃん・おばあちゃんと、_____を

するのが、好き・楽しい・うれしいです。

どうしてかというと _____ からです。

②ぼく・わたしは、お父さん・お母さん・お兄さん・お姉さん・弟・妹・おじいちゃん・おばあちゃんに、よく ・ ときどき _____ と言われます。

だから _____ と思います。

③ぼく・わたしは、お父さん・お母さん・お兄さん・お姉さん・弟・妹・おじいちゃん・おばあちゃんに、よく・ときどき _____ と

ほめられます・注意されます。

だから _____ と思います。

まとめ
- 家族との出来事をふりかえり、自分が「つづけたいこと」「やったほうがいいこと」を考えましょう。
- 家族といっしょに楽しんだり、がんばったりするために「協力してもらいたいこと」を伝えてみましょう。

7 いつもやさしいおばあさん

次のお話を読んで、考えてみましょう。

　長期休みに入り、Ａさんはおばあさんの家に一人で泊まりに行きました。「Ａちゃん、よく来たね」、おばあさんはニコニコと出むかえてくれました。「今日はＡちゃんの好きな、からあげとハンバーグを作ったからね。たくさん食べてね」「お風呂がわいているから先にお入り」とおばあさんは言ってくれます。でもＡさんは「おばあちゃんの作ったのなんていやだよ。レストランに行こう」「ゲームしたいからまだお風呂には入りたくない」など、思ったことをそのまま言いました。おばあさんは「うーん、そうかい？Ａちゃんが好きだと思ったんだけどなぁ……」と小さな声で言いました。

　おばあさんの家にいる間、Ａさんは自分の家にいるとき以上にダラダラして過ごしました。くつ下や服をぬぎ散らかしたり、ゲームやスマホをいじってばかりで、何のお手伝いもしませんでした。自分の家ではお母さんにいろいろなことを注意されますが、おばあさんはやさしいので、しかられたことは一度もありません。

① おばあさんはどんな気もちで下線（あ）のようなことをＡさんに言ったのでしょうか。

② 下線（い）のようにつぶやいたおばあさんは、どんな気もちだったのでしょうか。

③ おばあさんの家でのＡさんの態度についてどう思いましたか？

④ 自分にやさしくしてくれるおじいさんやおばあさんと過ごすときに、どんなことに気をつけたらよいでしょう？

まとめ

8 好きなこと、きらいなことの変化

次のお話を読んで、考えてみましょう。

　3年生のAさんは久しぶりに親せきのおじさんに会いました。そのとき、おじさんはネコのキャラクターのハンカチをプレゼントしてくれました。Aさんは「あっ、これ幼稚園のときに好きだったキャラクターだ」となつかしくなりました。

　Aさんは前に好きだったものやきらいだったものが今はどうなったか気になったので、表にしてみることにしました。みなさんも自分のことを下の表に書いてみましょう。そして、どんなところが変わったか、変わっていないかも、書いてみましょう。

　おぼえてないことは、お家の人に聞いたら教えてくれるでしょう。

● 1つの場所に、いくつかのことを書いてもいいです。

	幼稚園や保育園のころ	小学1年生	いま（　　）年生
好きなもの （キャラクターなど）			
好きなこと （遊びや勉強）			
好きな食べ物			
きらいなこと（やりたくない、見たくない、こわいなど）			
きらいな食べ物			

変わったところ	
変わってないところ	

まとめ

⑨ 好きときらいを紹介しあう

　好きなことがあったら、他の人に伝えられるとよいかもしれません。なぜなら、しゅみが同じような人と出会えるかもしれないからです。また、きらいなことも他の人に伝えられると、「きみもそうなんだ！ぼくも同じだよ」と言ってくれる人がいるかもしれません。

　自分も、他の人の好きなこととさらいなことに、関心をもっておくと、クラスでの活動や、友だち関係に役立つでしょう。

●ぼく・わたしの好きなこと 全部言い終わったら「何かが同じだった人はいますか」と聞いてみよう。

食べ物	好き1	きらい1
	好き2	きらい2

学校でやること	好き1	きらい1
	好き2	きらい2

例：国語、作文、漢字、道とく、リコーダー、算数、文章問題、九九、プール、習字、鉄棒、走ること、球技、給食、委員会、先生とおしゃべりすること、そうじ、運動会、ノートを取る、休み時間

その他	好き1	きらい1
	好き2	きらい2

例：虫、魚、犬、暑いこと、寒いこと、人前で話すこと、にぎやかな場所、高いところ、ジェットコースター、よくしゃべる人、おとなしい人、すっぱいもの、肉、野さい、牛乳、キャンプ、乗り物、小さい子、スポーツをやる、スポーツを見る、ボードゲーム、サイクリング、アニメ、つり、外で遊ぶこと

●自分と同じだったところ（例：Aさん、つりが好きなところ）

さん		さん	
さん		さん	

⑩ 好きなことが同じ人と話そう

　自分と同じことが好きな人に出会うと、とてもうれしい気もちになりますね。好きなことが同じ人を見つけて話をしてみましょう。終わったらどんな気もちになるかな？

このワークのやり方

〈遊び方〉※４〜８人くらいでやると楽しいです

①だれかひとりが「どっちが好き？カード」（カード例は解説ページ）を１枚引く

②それぞれの「好きなもの」で分かれて集まる（例：夏好きコーナーと冬好きコーナー）

③３分間、集まった人たちで話す（こっちが好きな理由など）
　　※先生か、だれか一人にメモ係をやってもらう

④終了後に、それぞれ話した内容を発表します（「わたしたちは〜という意見などが出ました」）。

● 心に残っただれかの意見

「自分と同じ考えだ！」と思った意見

例：（夏　対　冬）のテーマのとき
　　（Aさん）が言った（「夏は汗をかくと気もちがいいから」）という意見

| （　　　　　対　　　　　　）のテーマのとき |
| （　　　　　　　）さんが　言った |
| （　　　　　　　　　　　　　　　　　　　　）という意見 |

おもしろかった意見

| （　　　　　対　　　　　　）のテーマのとき |
| （　　　　　　　）さんが　言った |
| （　　　　　　　　　　　　　　　　　　　　）という意見 |

● 感想（いくつでも）

楽しかった　　話せて満足　　緊張した　　疲れた　　またやりたい
話したりない　　仲良くなれた気がする
その他

⑪ 気もちマップ

「うれしい」「楽しい」「おこっている」「かなしい」「しんぱい」…など、「自分が感じた気もち」は、どれも、たいせつです。自分の気もちがわかって、それをじょうずに伝えることで、だれかといっしょによろこび合ったり、たすけ合ったりすることができます。しかし、「楽しすぎて大声でさわいでしまった…」「しんぱいしすぎて、なかなかねむれない…」ということや、「いいよと言ってしまったけれど、やっぱり、いやだった…」と、後になって、気がつくこともあるでしょう。このように、気もちが大きく（強く）なりすぎたり、本当の気もちとぜんぜんちがうことをすると、行動のコントロールがむずかしくなり、自分やまわりの人がこまってしまうこともあります。ですから、「自分がどういう気もちなのか」「その気もちがどのくらいの大きさなのか」をわかっておくことがひつようです。

次のページの「気もちマップ」を見てください。これは、自分の「どの気もち」が、「どのくらいの大きさ（強さ）」なのかを考えたり、ふりかえったりするために使えるものです。中心には、「おだやか（おちついている）」があります。中心からはなれるにつれ、「すこし」「まあまあ」「とても」「〜すぎる」となり、その気もちが、だんだんと大きくなっていくことをあらわしています。

気もちマップの使い方 先生や他の人たちとリラックスして話をしてみましょう

① まずは、下の「気もちのことばリスト」の中から、あてはまるものをふきだしに書いて、気もちマップをかんせいさせましょう。マップの「ひょうじょう」をヒントにしてください。
② 直径1〜2cmくらいのマグネットなど、コマになるものをよういして、マップの中心「おだやか（おちついている）」のところにおきます。
③ いくつかの場面（例「先生からほめられたとき」や「しゅくだいをわすれたとき」）について思い出し、そのときの「気もち」と「大きさ（強さ）」を考え、マグネットを中心から動かします。
④ 最後に、その気もちの大きさに合った、言い方や行動について考えます（例「心配なことがあるからそうだんさせて」）。また、「〜すぎる」場合は、どんなことに気をつけると良いか、どんなくふうができるかなど考えたり、まわりの人と話し合ってみます。

気もちのことばリスト			
好き	うれしい	おこる	きたい
きらい	かなしい	しんぱい	おどろく

まとめ
- 自分の気もちがわかったり、よそうしておくことで、気もちのきりかえやコントロールがしやすくなります。
- 気もちのことばリストのほかにも、「楽しみ」「ドキドキ」「ざんねん」など、マップの中のどこに近いか考えることで、気もちのひょうげんをふやすこともできます。

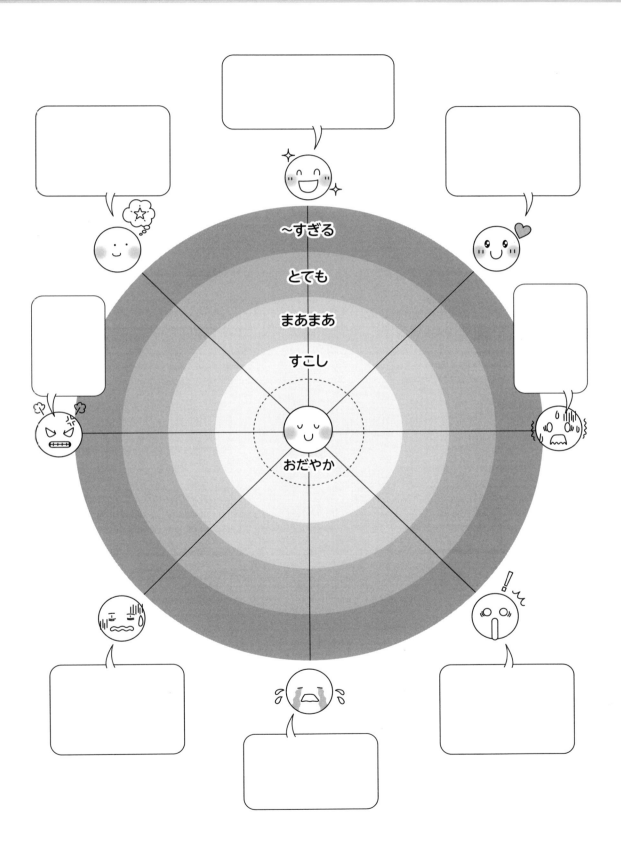

12 どんなときにこの気もち？

❶以下のことばはうれしい、楽しいときやいやなときの気もちを表すことばです。うれしい、楽しいときの気もちのことばだと思ったら 😊 のらんに、いやなときの気もちのことばだと思ったら 😣 のらんに○をつけましょう。

気もちを表すことば	😊	😣
㋐ うはうは		
㋑ うかれる		
㋒ むしゃくしゃする		
㋓ うきうき		
㋔ はらがたつ		
㋕ るんるん		
㋖ はらをかかえる		
㋗ うっとおしい		
㋘ ほこらしい		

❷以下の場面の気もちにぴったりだと思うことばを上の㋐～㋘の中から選びましょう。いくつ選んでもいいです。

①ゲームで負けまくったー！……………………（　　）
②お笑い番組を見ておもしろくて笑いまくった………（　　）
③明日もあさっても宿題がないから
　好きなだけ遊べるぞ！………………………（　　）
④同じ計算まちがいを3回続けてしまった……………（　　）
⑤自分のかいた絵がクラスの代表に選ばれた………（　　）
⑥ぼうアイスが2回続けて、
　「あたりもう1本！」だった…………………（　　）
⑦あせでかみの毛が首にベタベタはりついてくる……（　　）

●気もちをあらわすことばをたくさん知っていて、それが使えると、ほかのひとに自分の気もちをわかってもらいやすくなります。

13 どれくらいドキドキする？

次のお話を読んで、考えてみましょう。

　ドキドキしたり心配になったりすることは、だれにでもあることです。でも、どんなときにそうなって、どうしたら少しドキドキが減っていくのか、場面ややり方を知っていると少し安心して取り組むことができます。

　まずは、チェックリストの場面にドキドキするなら○をしてみましょう。また、ドキドキの強さを5段階であらわしてみましょう。

0…ドキドキなし
1…ほとんどドキドキなし
2…少しドキドキ
3…けっこうドキドキ。でも何とかだいじょうぶ
4…強くドキドキ、できればそれをやりたくない
5…ものすごくドキドキ、心ぞうの音が聞こえるくらい

〈場面1〉学校生活

		あてはまるなら○	ドキドキの段階1〜5
①	休み時間、何をしてすごすかきまらないとき		
②	席がえで、あまり知らない子が近くになったとき		
③	いつもとちがうことをする日（遠足や町たんけんなど）		
④	給食のおかずが、苦手なもののとき		
⑤	ふで箱など、ぜったい使うものをわすれてしまったとき		

〈場面2〉授業

		あてはまるなら○	ドキドキの段階1〜5
①	きらい、または苦手な授業のとき		
②	班になって何かを相談するとき		
③	みんなの前で話すとき、音読するとき		
④	先生に質問やお願いごとをするとき		
⑤	先生が大きな声でみんなを注意したとき		

〈場面3〉運動会

		あてはまるなら○	ドキドキの段階1〜5
①	すぐにおぼえられないことがあるとき（ダンスなど）		
②	みんなの前で走ること		
③	みんなの前でおどること		
④	大きな音、うるさい音がすること		
⑤	負けるかもしれないこと		

〈場面４〉お家で

		あてはまる なら○	ドキドキの 段階１〜５
①	家にお客さんが来るとき（お母さんの友だちなど）		
②	これから初めての場所に行くとき		
③	（習いごとの）発表会や進級テストがあるとき		
④	家で一人で、るすばんをするとき		
⑤	家の中でクモやゴキブリを見かけたとき		

●チェックできましたか？ では、他の人や先生と話していろいろな方法を見つけてみましょう。

ドキドキした気もちを軽くするにはどうする？（みんなで考えたこと）

●上に書いた方法をいつもの場面でやってみましょう。（　）にはドキドキの強さを書きます。

日付	どんな場面（０〜５）	何をした	どう変わった（０〜５）
例 4/10	１年生をむかえる会で 楽しく遊べるか心配 （　５　）	先生に遊びのないようを 聞いておいた	何をするかわかった あまりドキドキしなかった （　２　）
	（　　）		（　　）
	（　　）		（　　）
	（　　）		（　　）

まとめ

14 自分の気もちの重みづけ
（うれしさ、いやさの度合い）

> 次のお話を読んで、考えてみましょう。
> 　Aさんは、うれしくてニコニコしているつもりのときも「うれしくないの？」と聞かれることがあります。Aさんの気もちはまわりに伝わりにくいようです。また、Aさん本人も、自分にとってうれしいことや、いやなことをあまり気にしていないような気がします。あなたはAさんのようなことがありますか。
> 　いろいろな出来事の「うれしさ」と「いやさ」の重みづけをしてみましょう。自分の感じ方に気づくと、うれしい気もちを人に伝えられることも増えるでしょう。またいやな気もちを知らず知らずにためてしまうことも減るでしょう。

質問A-1　ふだんの出来事：うれしい度合いを書いてください。
すごくうれしい（3）、まあ、うれしい（2）、ふつう（1）

①		ずっとほしくて、親にたのんでいたものがやっと買ってもらえることになった
②		おじいさんとおばあさんが、週末に家に遊びに来ることになった
③		先週、塾でやったテストがいい点だったと、塾の先生に聞いた
④		学校の友だち5人とオンラインゲームで、遊ぶ約束をした
⑤		お父さん（お母さん）が仕事に行った場所で、なかなか手に入らないおみやげ（食べ物）を買ってきてくれた
⑥		雨で中止になると思っていた明日の遠足。でも天気予報は晴れマークになったので、行けそうだ

質問A-2　その他に、あなたが「すごくうれしい」と思うのはどんなことがあったときですか。

- 「すごくうれしい気もち」になった出来事を聞いたときの「ほんと〜！」「やったー」などのセリフをうれしさをこめて言ってみよう（大人の人などに「この前のテスト、とっても良かったよ」など、言ってもらってから）。

質問B-1　学校での出来事：いやだと思う度合いを書いてください。
すごくいや（3）、いや（2）、いやではない（1）

①	クラスみんなで遊ぶことになっていた休み時間だったのに、それが中止になって運動会の応えん練習になった
②	今年の夏、最後のプールだったのに、気温が低くて中止になった
③	図工で、調子よくやっていたのに、先生がもうやめるように言った
④	担任の先生がいない日に、副校長先生が授業をすることになった
⑤	先生から絵の具を忘れた子に、貸してあげるように言われた
⑥	急に、朝のスピーチをやらなければいけなくなった

質問B-2　その他に、あなたが「すごくいやだ」と思うのはどんなことがあったときですか。

●「すごくいやな気もち」になった出来事を聞いたときの「え～！」「そんなー」などのセリフを「いやだ」という気もちをこめて言ってみよう（大人の人などに「今日、プールは中止になりました」など、言ってもらってから）。

まとめ

15 とく意なこと、苦手なことがあるのは大事！

あなたのとく意なことは何ですか？「そんなのないよ！」という人もいるかもしれません。でもそんなことはないはずです。そもそも「とく意」というのは他の人よりできている、という意味だけではなく

①いつもやっていて、なれている
②やるのが苦にならない（いやにならない）
③やり続けられる
④やっていて楽しい

という意味もあります。それなら見つかりそうですよね！

❶自分のとく意なことがあったり、それを知っていることは大事です。その理由を下の〈ヒント〉から選んでみましょう。

> とく意なことがあることや、それを知ることが大事な理由は、それをやっているのが（　　　　　　）のはもちろんですが、それをレベルアップできたときは（　　　　　　）ものです。また、それは自分の（　　　　　　）にもなります。さらにあまりやりたくないことをやるときの自分への（　　　　　　）にすることもできます。

〈ヒント〉　（あ）楽しい　（い）いやな　（う）うれしい　（え）自信　（お）ごほうび

❷自分の苦手なことがあったり、それを知っていることも大事です。その理由を下の〈ヒント〉から選んでみましょう。

> 自分の苦手なことがあったり、それを知ることが大事な理由は、うまくできないことをやるのはだれでも（　　　　　　）な気もちです。でもそれが前もってわかっていると、（　　　　　　）もらったり（　　　　　　）もらったりして助けを求めることができます。だれでも苦手なことはありますし、苦手があるから（　　　　　　）こともできます。

〈ヒント〉　（あ）楽しい　（い）いやな　（う）手伝って　（え）教えて　（お）成長する

まとめ

順番としては、まずは自分のとく意なことを知りましょう。そのあと、苦手なことも少しずつ考えていきましょう。

71

16 よくないところ（短所）かもしれないけれど①

次のお話を読んで、考えてみましょう。

　Aさんのクラスでは今日、算数のテストがありました。最後のほうの問題は、ちょっとむずかしくてAさんは考えるのをすぐやめてしまいました。それでも「今回のテストは、むずかしい問題以外はできたから80点はいくだろうな」と思いました。次の日、返されたテストは60点でした。他にもまちがいがあったようです。Aさんは腹が立って、授業中まだ先生が話しているのにドン！と思いっきり机をたたいて、みんなに注目されてしまいました。先生は「Aさん、落ち着いて」と言ってくれました。家に帰ったら、「明日、学校に行ったら先生に呼ばれて、今日のことをしかられるんじゃないかな」とドキドキして、夕飯がのどを通りませんでした。

質問1　Aさんはどんな性格だと思いますか？
　　　　次の中から3つ選び、それはAさんのどんな行動に表れているか書きましょう。

Aさんってこういう性格の人かな？

心配性、流されやすい、あきらめがはやい、せっかち、がんこ、決められない、あきっぽい、そそっかしい、消極的、気もちをためる、人見知り、しつこい、短気（すぐおこる）、おとなしい

性格を表すことば	それはAさんがこういう行動や考えをしているから
①	
②	
③	

質問2　質問1の①～③に書いた性格はAさんの短所（よくないところ）と言えるかもしれません。でも短所も見方を変えれば長所（いいところ）になります。長所を表すような言い方に変えてみましょう。むずかしいときは他の人や大人と話し合いながらやってみましょう。

性格を表すことば	長所の言い方に直すと
①	
②	
③	

まとめ
　自分のよくないところを気にしすぎるよりも、「自分のこの性格にも＿＿＿＿＿＿＿＿」と思うようにしておくと、落ちこみすぎずに生活できるでしょう。

17 よくないところ（短所）かもしれないけれど②

次のお話を読んで、考えてみましょう。

　Aさんは、休み時間に、「今日公園でサッカーしよう」とBさんにさそわれたので、すぐに「OK」と言いました。そのあと、Cさんにも「今日、放課後、うちでゲームしようぜ」と言われました。Aさんは「今日は公園で遊ぶから」と断ったのですが、何度も「いいじゃないかよ」と強く言ってきたので、Aさんは「わかったよ」と言ってしまいました。Aさんは授業中もずっと「Bさんには断らないといけないかな……どうしよう。やっぱりCさんのほうを断ったほうがいいのかな。どうしよう……」と考えていました。結局、Cさんの家でゲームをしばらくやってから、公園に行ったのですが、公園に行ったら、Bさんは、Aさんの知らない子たちと遊んでいたので、Aさんはなかなかそこに入っていけませんでした。

質問1　Aさんはどんな性格だと思いますか？　次の中から3つ選び、それはAさんのどんな行動に表れているか書きましょう。

Aさんってこういう性格の人かな？

心配性、流されやすい、あきらめがはやい、せっかち、がんこ、決められない、あきっぽい、そそっかしい、消極的、気もちをためる、人見知り、しつこい、短気（すぐおこる）、おとなしい

性格を表すことば	それはAさんがこういう行動や考えをしているから
①	
②	
③	

質問2　質問1の①～③に書いた性格はAさんの短所（よくないところ）と言えるかもしれません。でも短所も見方を変えれば長所（いいところ）になります。長所を表すような言い方に変えてみましょう。むずかしいときは他の人や大人と話し合いながらやってみましょう。

性格を表すことば	長所の言い方に直すと
①	
②	
③	

まとめ

　自分のよくないところを気にしすぎるよりも、「自分のこの性格にも_____」と思うようにしておくと、落ちこみすぎずに生活できるでしょう。

18 どっちのほうが強いかな①

人は、そのときによっていろいろな行動をするものなので「自分はこういう性格です」とはっきり決められないものです。その性格の強さを考えてみましょう。

❶Aさんは、休み時間にはすごく活発に校庭で遊んでいます。自分でも元気で活発なほうだなと思います。でも学校が休みの日は、リビングのソファーに寝転んでおかしを食べているのが一番好きです。あなたは自分がどんなときに活発で、どんなときにのんびりしていたいと思いますか。

①どんなときに活発？

②のんびりするなら、どこでどんな風にのんびりしたい？

●自分の中の活発なところと、のんびりなところの強さを合計10で表してみよう。
活発を赤、のんびりをピンクでぬってみよう（例：活発7　のんびり3）。

❷Aさんは、幼稚園からいっしょの親友が3人います。その3人には、何をして遊ぶかなど自分の気もちをはっきり言います。自分のやりたいことを言いすぎてしまってけんかになることもあります。でも、クラスの中のリーダーっぽい子には自分の気もちをあまり言えず、いやな役をおし付けられることもあって、もやもやした気もちがたまってしまいます。あなたはどんなとき、またはだれに対してなら気もちが言えますか。

①どんなとき、だれに対してなら気もちが言える？

②どんなとき、だれに対してだと気もちが言えない？

●自分の中の「気もちをはっきり言える」ところと、「気もちをためてしまう」ところの強さを合計10で表してみよう。「気もちをはっきり言える」を赤、「気もちをためてしまう」をグレーでぬってみよう。

19 どっちのほうが強いかな②

人は、そのときによっていろいろな行動をするものなので「自分はこういう性格です」とはっきり決められないものです。その性格の強さを考えてみましょう。

❶ Ａさんは、小さいころから虫が好きで、家にも図鑑がたくさんあります。また、夏休みの自由研究はいつも虫関連のことです。将来は虫の研究ができる大学に行きたいと思っています。その他にＡさんはわりとゲームが好きです。でも、ゲームは少しやるとあきてしまうので、次から次へと新しいのをやっています。Ａさんは１つのことにとても夢中になるほう（こり性）だと言えますし、あきっぽいとも言えそうです。

①今までずっと大好きだったこと

②好きだけど、そんなに長続きしなかったこと

● 自分の中の１つのことに夢中になるところと、いろいろなことに興味があるところの強さを合計10で表してみよう。１つのことに夢中になるところを赤、いろいろなことに興味があるところを黄色でぬってみよう（例：１つのことに、とても夢中になる７　いろいろなことに興味があるところ３）。

○○○○○○○○○○

❷ ６年生のＡさんは、４年生のころから毎朝15分間のジョギングをしています。はじめはマラソン大会に向けて走っていたのですが、それが終わってからも続けています。朝に走るのが好きになり、ほぼ毎朝走っています。でも、体調が悪いときは無理せず休んだり、雨のときに無理して走ったりはしません。Ａさんは意志が強いと言えそうですし、じゅうなん（気もちがすぐ切りかえられる）とも言えそうです。

①あなたは、自分で決めたことで続けていることがありますか？

②やろうと決めていたことでも、さっと変更できたことはありますか？

● 自分の中の「意志が強い」ところと、「じゅうなん」なところの強さを合計10で表してみよう。「意志が強い」を赤、「じゅうなん」を水色でぬってみよう。

20 自分のいいところさがし① （学校編）

自分の長所や強みを、自分でも知っておくことは、苦手なことがあってもそれでおぎなえたり、自分に自信をもつことにつながるので、とても大事です。

●すごくあてはまること3つに◎、だいたいあてはまることに○（何個でも）をしよう。そのあとで、先生にも◎や○をしてもらおう。そしてミニ作文でまとめてみよう。（やった時期　　年　　月）

	自分では	先生から
①授業中の姿勢がよい		
②先生のほうを見て話を聞いている		
③わからないことがあれば、自分から質問する		
④筆記用具やプリントをきれいにしまっている		
⑤字をていねいに書いている		
⑥発表のとき、声がよく聞こえる		
⑦発想がよい（いいアイディア、人とちがうアイディアが出せる）		
⑧好きな教科があり、その教科はよく学んでいる		
⑨苦手なことやむずかしいことでも、練習したり、チャレンジしたりしている		
⑩そうじや給食など、当番の仕事をしっかりやっている		
⑪親切な気もち（あいての気もちが考えられる）をもっている		
⑫気もちの切りかえができる（いやなできごとがあっても立ち直る）		
⑬楽しいことをやっていても、時間になったら、次のことにうつれる		
⑭リーダーや班長など、みんなのまとめ役ができる		
⑮他の子と仲良くできる		

●ミニ作文にまとめてみましょう。（　）には上の表の番号を書きます。

「自分や先生が◎をしたのは（　　）（　　）（　　）などでした。特にその中で自信があるのは（　　）でした。だから、自分の長所や強みは

ということかなと思いました。」

（例：親切な気もちを持っている）

21 自分のいいところさがし② （家庭編）

自分の長所や強みを、自分でも知っておくことは、苦手なことがあってもそれでおぎなえたり、自分に自信をもつことにつながるので、とても大事です。

● すごくあてはまること３つに◎、だいたいあてはまることに〇（何個でも）をしよう。そのあとで、お家の人にも◎や〇をしてもらおう。そしてミニ作文でまとめてみよう。（やった時期　　年　　月）

	自分では	お家の人から
①朝、学校に行くしたくをてきぱきしている		
②毎日の宿題を、言われなくてもやっている		
③自分の机や、机のまわりをきれいにしておける		
④まじめ（きめられた約束や目標をまもる）		
⑤ひょうきん（じょうだんなどをよく言って、人をわらわせる）		
⑥素直（失敗して注意されたとき、次は気をつけようと思う）		
⑦長い期間がんばっていることや、ならいごとがある		
⑧家族の手伝いが自分からできる		
⑨趣味（好きな時間のすごしかた）が、３つ以上ある		
⑩はじめて会う人や、はじめて行く場所に緊張しない		
⑪年下の子やお年寄りに親切にできる		
⑫体力がある（予定がたくさんあっても元気にすごせる）		
⑬臨機応変に行動できる（予想外のことが起きても「ま、いいか」と思えたり、変わったことを楽しめる）		
⑭手先が器用（細かい作業がきれいにできる）		
⑮記憶力がいい（経験したことをよく覚えている）		

● ミニ作文にまとめてみましょう。（　）には上の表の番号を書きます。

「自分や家の人が◎をした（　　）（　　）（　　）でした。特にその中で自信があるのは（　　）でした。だから、自分の長所は

　　　　　　　　　　　　　　　　　　　　ということかなと思いました。」

（例：臨機応変に行動できる）

77

22 自分の苦手なところさがし
（学校・家庭の場合）

今の自分の短所（よくないところ）や苦手なことを知ることは、自分が成長するために、がんばったほうがいいことを見つけたり、だれに・どう助けてもらうと良いか、考えるきっかけになります。

助けあい

●すごくあてはまること3つに◎、だいたいあてはまることに〇（何個でも）をしよう。そしてミニ作文でまとめてみよう。（やった時期　年　月）

	学校では	家では
①身だしなみをととのえることが苦手。とてもめんどうに感じる		
②忘れてしまうことが多い（持ち物、提出、たのまれたこと、やるべきこと）		
③せいりせいとん、片づけが苦手。とてもめんどうに感じる		
④計画したり、先のことを考えておこなうことがむずかしい		
⑤始めるまでに時間がかかったり、終えるまでに時間がかかる		
⑥あまり興味が、もてないことに取り組むのがたいへん		
⑦好きなことをとちゅうでやめることがむずかしい		
⑧気もちがはげしい（楽しすぎてまわりが見えない・こまるとその場でかたまるなど）		
⑨人からアドバイスがあっても、自分のやり方を変えることがむずかしい		
⑩思ったとおり、ルールどおりでないとイライラしやすい		
⑪新しいことが苦手。心配しすぎてしまう		
⑫まわりの人にどう思われるか、気にしすぎてしまう		
⑬話すこと、伝えることが苦手（あいさつ、会話、話し合い、発表、ことわるなど）		
⑭自分からこまっていることや心配ごとを伝えることがむずかしい		
⑮聞くことが苦手（長いと集中できない、聞いてもわすれやすい）		
⑯読んだり、書いたりすることがたいへん		
⑰とつぜんのことが苦手（大きな音、話しかけられる）		
⑱人のペースに合わせることがむずかしい		

●ミニ作文にまとめてみましょう。（　　）には上の表の番号を書きます。

「自分がすごくあてはまると思ったのは（　　）（　　）（　　）でした。特にその中でむずかしいのは（　　）でした。だから、自分の短所や苦手なことは

ということかなと思いました。」

（例：ルール通りでないとイライラしやすい）

23 今の自分はこんな感じ！シート

　このワークでは、⑳〜㉒の「自分のいいところさがし・苦手なところさがし」でチェックをつけたことを1〜3位の順位でまとめます。そして、いいところをどう生かせるか、苦手なことが変わるとどんな良いことがあるかを考え、「がんばってみること・チャレンジしたいこと」を見つけるヒントにします。

● いいところをいかしたり、苦手なことを少し変えるために　がんばってみること・チャレンジしたいこと

24 片づけが苦手な人へのアドバイス

　Aさんは家でも学校でも、片づけが苦手です。忘れ物もよくしますし、持ち物をなくすこともあります。特によくあるのは下の3つのようなことです。

　そんなAさんを助けるつもりで、みんなで意見を出し合って、持ち物の管理についていい方法を考えてみましょう。「忘れ物やなくし物はしない」という人は、あなたのアイディアがほかの人へのいいアドバイスになるかもしれません。

●他の人や先生から出た意見の中で、いいなと思ったものを2つずつ書いてみましょう。
　（★のところに）

❶Aさんの1つめの困りごと…学校の机の中が、プリントでぐちゃぐちゃになってしまう

自分はこういう経験が
ある　・　なし
経験ありの人
人中　　人

予想（机の中がぐちゃぐちゃだと、こういう場面で困るんだろうな）

★こうしたら、プリントはぐちゃぐちゃにならないのでは（自分がやれそうな方法）
①

②

❷Aさんの2つめの困りごと…授業に必要なものを忘れて、学校に行ってしまうことがある

自分はこういう経験が
ある　・　なし
経験ありの人
人中　　人

予想（忘れてしまうのはこういう原因ではないかな？）

★こうしたら、忘れ物がへるのでは？
③

④

❸Ａさんの３つめの困りごと…ふで箱からえんぴつや消しゴムがすぐになくなってしまう

予想（どんなときに、えんぴつや消しゴムはふで箱から消えてしまうのだろう？）

★こうしたら、なくなってしまうことがへるのでは？
⑤

- -
⑥

自分はこういう経験が
ある ・ なし
経験ありの人
人中　　　人

●①～⑥の中で（ぼく・わたし）が取り入れてみようと思ったのは（　　）と（　　）です。
　このことについてのふりかえりを（　　　月　　　日）にしてみます。
　※（　　）には①～⑥の番号を書きます

●みんなからのアドバイスをやってみた結果や感想

	例：よくなったところ、変わらなかったところ、意味があった、意味がなかった、続けたいなど
というアドバイスをやってみた結果や感想	
というアドバイスをやってみた結果や感想	

25 後まわしにしないために
（長期休みの過ごし方）

　学校のない長期休みには、「いつでもできる」と考えてしまい、やらないといけないことを後まわしにしてしまいがちではないですか。
　「めんどくさいな」とか「むずかしそうだな」と思っても、後まわしにせずさっととりかかるようにすると、いいことがいっぱいあるでしょう。

● このワークのやり方
　①やりたくないことのリストを見て、あまりやりたくないことに△、すごくやりたくないことに×をつける。リスト以外のことでもよい
　②×がついたこと3つを対策シートの左の列に書く
　③どんな対処法があるか、みんなで意見を出し合ったり、先生に教えてもらって、対策シートのまん中の列に書く
　④休み明けにみんなで結果を報告しあう

やりたくないことリスト	
・うわばきを洗う	・道具箱の片づけ
・お家の人の手伝い	・決められた時間でゲームをやめる
・風呂に行く	・国語のドリル系宿題
・算数のドリル系宿題	・作文系の宿題
・工作など、自由研究系の宿題	・習いごとの宿題
・自分の机の中や、机のまわりを片づける	・旅行の準備
・おそくならないように寝る	

● （休み前に書く）気づいたこと
　後まわしにしないと、こんないいことがありそう

長期休みの生活　対策シート

やりたくないので、後まわしにしてしまうこと	やってみる対処法	
		（やってみた日）　　月　　日
		お家の人からひとこと
		対処法をやってみた感想
		（やってみた日）　　月　　日
		お家の人からひとこと
		対処法をやってみた感想
		（やってみた日）　　月　　日
		お家の人からひとこと
		対処法をやってみた感想

● （休み明けに書く）気づいたこと
後まわしにしないと、こんないいことがあった！

26 長期休み中の生活ふり返り

　長い休みの期間には、ふだんの勉強のことなどを忘れてゆっくり好きなことをしたいですよね。それもとても大事なことです。

　でも、のんびりしすぎてしまうと、宿題などの時間がたりなくなってしまったり、新学期が近づいてきても勉強へのやる気がぜんぜん出ないかもしれません。下のようなことを少し意識して生活するようにすると、長い休みが終わったあとも調子が出やすいでしょう。

　休み中に2回自分で、そしてお家の人にチェックしてもらいましょう。

チェックした日　1回目（　　月　　日）2回目（　　月　　日）
ばっちり ◎　／　だいたいOK ○　／　できなかった △

	自分では 1回目	自分では 2回目	お家の人から見ると 1回目	お家の人から見ると 2回目
①学校の宿題を、少しずつ進めた（または、早めに終わらせた）				
②休み明けの学校の準備は、ゆとりをもって一人でできた（「〜がない！」などと言ってあわてなかった）				
③寝る時間と起きる時間がふだんとあまりかわらなかった（だらだらしすぎなかった）				
④清潔な服そうで過ごし、出かけない日でも昼間は着がえた				
⑤やらなければいけないこと、やりなさいとお家の人に言われたことを後まわしにしなかった				
⑥家族以外の大人の人と会ったときには、聞こえる声であいさつができた				
⑦家族以外の大人の人には、「です・ます」をつけて話せた				
⑧お家の人の手伝いを、自分からやった				
⑨自分の生活スペースをきれいにしておくことができた（ちらかったときは、自発的に片づけた）				
⑩好きなこと（ゲームや動画）をやる時間は、家族のルールが守れた				
⑪				
⑫				

2回目のチェックについてふり返りをしましょう。

★の質問には、チェック表の①〜⑫を後ろの（　）に入れ、

　　　　　には番号のあとの文を書きましょう。

★質問１−１　お家の人の評価が、自分の評価より高かったのは（　　　　　　）

質問１−２　どんな場面を見て、お家の人は良い評価をしてくれたのでしょう

★質問２−１　お家の人の評価が、自分の評価より低かったのは（　　　　　）

質問２−２　どんな場面を見て、お家の人は良くない評価をしたのでしょう

●お家の人からメッセージ

　　この休みの期間、よくやっていたなと思うことや、これからがんばってほしいこと

コミュニケーション スキル編

2

27 あいさつはなぜ大事なの？

❶ふだんの自分を思い出そう…どれくらいできていますか。
あてはまるところに〇をしてみましょう。

		自分から言える	言われれば返せる	わからない
1	朝、お家の人への「おはよう」			
2	登校したとき、学校で先生への「おはようございます」			
3	教室で友だちへの「おはよう」			
4	学校から帰るとき先生への「さようなら」			
5	近所の人に道で会ったら「こんにちは」			

❷〈ヒント〉にあることばを使って、文を完成させましょう。

①あいさつしないことは、相手を _____ していることと同じことです。それはよくないですよね。

②相手は _____ と感じて _____ なります。

③あいさつは、自分にとって得になることもあります。あいさつをされた相手は、あなたのことを _____ 人だと思ってくれ、あなたに対しても _____ してくれるでしょう。

〈ヒント〉　れいぎ正しい／悲しく／無視／大切にされていない／親切にやさしく

❸あいさつしていることが、相手にわかりにくいあいさつもあります。
それはどんなあいさつでしょう。

[　　　　　　　　　　　　　　　　　　　　　　　　　　　]

まとめ
相手を見るのが苦手な場合、声の大きさだけは気をつけてみよう。
あいさつする声が小さくなってしまう場合、相手のほうを見ることだけはしてみよう。

28 友だちが家に遊びに来たとき

次のお話を読んで、考えてみましょう。

　今日は、Aさんの家でBさんとゲームをして遊ぶことになりました。学校からの帰り道も、「あのゲームは最高だよね」と、とてももりあがりました。
　Aさんの家で遊び始めてからも、「あのアイテムはもうゲットした？」「もちろん！」とおしゃべりしながらゲームをしていました。しばらくして、Aさんのお母さんが、おやつにクッキーを出してくれました。Bさんが、「このクッキー、すごくおいしいね！」と話しかけると、Aさんは、ゲームの画面を見ながら「今度こそクリアしてやる」と言いました。そのあとも、しばらくいっしょに遊びましたが、ゲームのとちゅうで、Bさんは帰る時間になったので、「じゃあね」と声をかけると、Aさんは、画面を見たまま「うん」と言いました。

質問1　Aさんは、Bさんに話しかけられたとき、しっかり返事をしていないところが、上の文の中に2つあります。1つめの場所に赤い線、2つめの場所に青い線を引いてください。

質問2　Aさんにしっかり返事をしてもらえなかったBさんは、どんな気もちになったと思いますか。想像して書いてみましょう。

質問3　赤い線、青い線を引いたAさんのことばを変えるとしたら、「どんなたいど・表情で」「どんなことば・返事」を言うと良いでしょうか。

	どんなたいど・表情	どんなことば・返事
赤い線のところ		
青い線のところ		

まとめ

相手の話に ＿＿＿＿＿＿＿＿＿＿＿＿＿＿＿＿＿＿＿ ことば・返事 が言えると

相手のことを ＿＿＿＿＿＿＿＿＿＿ に思っていることが伝わります。

29 先生にあいさつを返す

次のお話を読んで、考えてみましょう。

けさ、校門でAさんは、校長先生から「おはようございます」と、あいさつされました。
Aさんは校長先生とあまり話したことがなかったので、ドキドキして下を見ながら、「おはようございます」と小さな声で言いました。他の子どもたちの声がたくさんしていて、Aさんのあいさつは先生には聞こえなかったようです。

質問1 あなたは、Aさんのようなことがありますか？
- あいさつしたけれど、相手の人には聞こえなかった（　ある・ない　）
- あいさつが小さな声になってしまった（　ある・ない　）
- だれかからあいさつされて、ドキドキしたことが（　ある・ない　）

質問2 相手に伝わるあいさつのポイントは、2つあります。
- **ポイント1** あいさつをするときは（　相手の顔のあたり・相手の足　）を見る。
- **ポイント2** あいさつをするときの声の大きさは、
  外にいるとき→（声のボリュームスイッチの　　　　　）くらい
  室内にいるとき→（声のボリュームスイッチの　　　　　）くらい

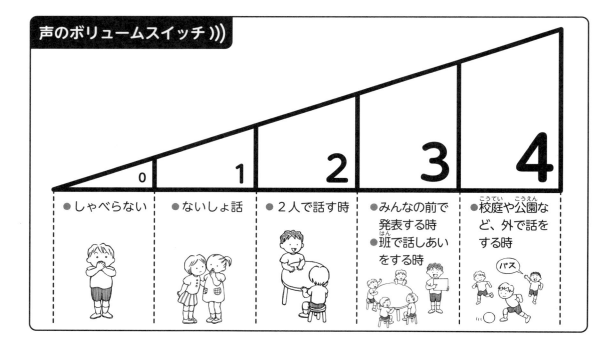

質問3　Aさんの声が校長先生に届くためには、どうしたらよいでしょうか。書きこんでみましょう。

「おはようございます」。校門で校長先生からあいさつされたAさんは、（　　　　　　）を見ながら、「おはようございます」と、声のボリュームスイッチ（　　　　　）くらいの大きさで言いました。

Aさんの声は先生に届いて、「今日も元気にがんばろうね、Aさん」と返事をしてもらうことができました。

質問4　あいさつのときの声の大きさについて、よいと思う声のボリュームスイッチの数字を選びましょう。

①	ろう下で保健室の先生に会って「こんにちは」と言うとき	0・1・2・3・4
②	号令係で、授業のはじめに「はじめます」と言うとき	0・1・2・3・4
③	担任の先生に下校するとき「さようなら」と言うとき	0・1・2・3・4
④	近所の人に、道で会って「こんにちは」と言うとき	0・1・2・3・4
⑤	校庭の遠くで見かけた先生に「さようなら」と言うとき	0・1・2・3・4

まとめ

　自分から、いろいろな人にあいさつするのが苦手な人も、あいさつされたら、あいさつがかえせるようになるといいですね。

30 Aさんの会話の仕方はどうかな

次のお話を読んで、考えてみましょう。
Aさんは、何かに取り組み始めると、すごい集中力が出せるタイプです。
ある日の休み時間、Aさんが絵をかいていると、Bさんが「ねえねえ、さっきの係活動についてなんだけど……」と話しかけてきました。Aさんは顔を上げずに「うん」と返事をします。「Aさん、係活動についてなんだけど」ともう一度Bさんは言いました。「わかってるよ、何？」と、それでもAさんは顔を上げず、手を止めずに言います。Bさんは仕方なく話し始めました。

Bさん：「先生に言われたんだ。曜日で……」
Aさん：「月曜日はぼくがやって、火曜日はBさんで、って順番にやろうよ、それでいいよね」
Bさん：「ちがうちがう。曜日によって、やる場所とク……」
Aさん：「じゃあ、廊下、窓、教室、みたいにすれば？」
Bさん：「違うってば！曜日によってやる場所とクラスが決まってるから、二人で確認してって言われたの!!」

質問1 Bさんは、なぜおこってしまったのですか？

質問2 Aさんはどうしたらよかったのでしょうか。よいと思うものに○をしてください（いくつでも）。そして、それを選んだ理由を書きましょう。また、選ばなかった理由も書いてみましょう。

	①	絵をかくのはやめずそのまま聞くといい
	②	いったん、かいているのをやめて、身体ごとBさんのほうを向くといい
	③	最後まで話を聞いてから自分の意見を言うといい
	④	自分の意見は思いついたらいつでも言っていい
	⑤	途中で質問をしながら話すといい
	⑥	

（　　）を選んだ理由

（　　）を選んだ理由

（　　）を選ばなかった理由

まとめ

31 聞くことが苦手な人へのアドバイス

　学校では、一日に何時間も授業を受けるので、ずっと集中して聞き続けるのは大変なものです。ふとちがうことを考えたり、ぼんやりしてしまうことがあるという人は意外と多いかもしれません。下の３つのタイプは、話を聞いていないといけない場面で起こりがちなことです。他の人や先生の体験談などから、授業中に話を聞くときのポイントや、切りぬけ方を考えてみましょう。聞くことはとく意だよ、という人は、あなたのアイディアが他の人へのいいアドバイスになるかもしれません。

・みんなから出た意見の中で、いいなとおもったものを２つずつ書き留めてみましょう。

❶タイプA　授業中、自分では聞いているつもりなのに、先生からは「聞いてるの？」と言われてしまう

自分はこういう経験が
ある　・　なし
経験ありの人
人中　　　人

こうしてみたらどうだろう①
こうしてみたらどうだろう②

❷タイプB　授業中、次に何をするのかわからなくなってしまう

自分はこういう経験が
ある　・　なし
経験ありの人
人中　　　人

おすすめの切りぬけ方①
おすすめの切りぬけ方②

❸タイプC　授業中、短い時間で集中が切れてしまう

自分はこういう経験が
ある　・　なし
経験ありの人
人中　　　人

ぼんやりしそうになったときのおすすめ①
ぼんやりしそうになったときのおすすめ②

32 質問はどのタイミングでしてもらいたい？

　これからテーマ①～③のいずれかのテーマについて1分くらい話をしてもらいます。何のどんなことを話すかメモを作ってから話しましょう。話しやすいようにそれに関係する写真や資料などを用意するのもよいでしょう（下の〈メモ例〉を見て書いてみましょう）。

●テーマ
① 自分の好きなこと（食べ物・ゲーム・本・アニメ・音楽・スポーツ・乗り物・動物など　何でもいいです）について
② 自分の学校紹介　　③ 自分の家族紹介

メモ

●準備ができたら話しはじめましょう。そのときに聞き役の大人が、3回質問や感想をいいます。質問には答えても答えなくてもいいですが、そのときの気もちに近いものを下の表の中から選んで○でかこんでください。

1回目の質問や感想	・うれしかった　・こまった　・しずかに聞いてほしい　・聞いてもらえてよかった ・これから話すから聞いていてほしい　・さいごまで聞いて質問してほしい
2回目の質問や感想	・うれしかった　・こまった　・しずかに聞いてほしい ・これから話すから聞いていてほしい　・さいごまで聞いて質問してほしい
3回目の質問や感想	・うれしかった　・こまった　・しずかに聞いてほしい　・聞いてもらえてよかった ・これから話すから聞いていてほしい　・さいごまで聞いて質問してほしい

〈メモ例〉

テーマ①（好きなスポーツ）の場合	バスケットボール　家の近くにある体育館に、プロの試合をよく見に行く。自分でも遊びでやっている。部活には入らなかった。
テーマ②（学校紹介）の場合	校舎が古い。市で二番目に古いらしい　校長先生→こわい 合唱コンクール→もりあがる　　担任の先生→この学校の卒業生
テーマ③（家族紹介）の場合	4人　犬…年を取っている　　きょうだい…妹 母…ピアノの先生　　　　　父…名古屋にたんしんふにん中

まとめ

33 聞くことと話すことが練習できるゲーム
（①クエスチョンボールゲーム／②自分4択クイズ／③苦手自慢ゲーム）

　コミュニケーションに苦手意識があると、他の子どもとやりとりが楽しめなかったり、うまくできなかったと感じてしまいます。

　「相手の話を聞くことはできるけれど、自分からの発信は苦手」な子どもや、「元気で自分の考えをどんどん発言できるけれど、人の話を聞くことが苦手」な子どもでも聞くこと、話すことが無理なく楽しめる遊びを3つご紹介します。

❶ クエスチョンボールゲーム（人数：4～6人くらい／時間：10～15分）

　だれかにボールを投げながら質問し、そのボールを受け取った人はその質問に答えます。ボールを投げられることにより自分に質問されていることが意識しやすくなるとともに、何かをしながら（＝ボールをキャッチしながら）人の話を聞くという経験ができます。

用意するもの ボール、椅子、質問リスト（必要に応じて使用）

●質問リスト例

・今朝、食べたもの	・夏休み（冬休み）に楽しみなこと
・今、ハマっていること	・無人島に何か1つだけ持って行くなら？
・好きな動画のジャンル	・一番の宝物
・1億円があったら何をする？	・ペットを飼っている？飼ってみたい動物は？
・学校の休み時間にしていること	・タイムマシンで行きたいのは？過去？未来？

進め方〈基本編〉

① あらかじめ、ゲーム中にひとりが質問をする回数と解答する回数（ボールを受け取る回数）を決めておきます。（はじめておこなう際には、質問や解答をそれぞれ2～3回程度にするとよいでしょう）

② 質問が思いつかないときには質問リストを見ても良いこと、答えたくない質問についてはパスしても良いことも確認しておきます。

③ 最初にボールを持つ人を決め、その人が質問をしながら他のメンバーにボールを投げてスタートします。相手が取りやすい投げ方にすることを事前に約束しておくとよいでしょう。

④ 全員があらかじめ設定した回数の質問と解答ができたら終了です。低学年の子どもの場合には、質問ではなく、しりとりや連想ゲーム（「果物といったら？」等）からはじめてもよいでしょう。

応 用 編

　タイマーを設定したりBGMを流したりして、タイマーが鳴ったときや音楽が止まったところでボールを持っていた人が負けになる、というゲームにアレンジすることもできます。

❷自分４択クイズ（人数：4〜6人くらい／時間：10〜15分）

　各自が自分にまつわる問題を作り、お互いに出題しあいます。クイズ形式にすることにより、他の人の話題を注意して聞くことや、お互いのことをより深く知るきっかけ作りがねらいとなります。

用意するもの　クイズ内容を書き込む用紙

進め方〈基本編〉

① この活動をおこなう前に、はじめて会う参加者同士であれば自己紹介、普段から顔を合わせている参加者同士であれば近況報告をおこないます。このとき、あとでこのことに関連したクイズをやることを予告しておきます。また、自己紹介や近況報告で話してほしい項目を掲示しておくとスムーズに進められます。

② 各自で、自己紹介や近況報告で話した内容についての自分４択クイズを作成し用紙に書き込みます。

③ 出題していく順番を決め、ひとりずつ出題していきます。解答する人たちは、番号を指で表しながら挙手（解答）します。

④ 出題者が正解の番号を発表します。

● ４択クイズの例

> ⑴私は何年生でしょうか？
>
> 　①３年生　②４年生　③５年生　④６年生
>
> ⑵私が夏休みに行ったのは？
>
> 　①遊園地　②キャンプ　③海　④おばあちゃんの家

応 用

　勝敗がある活動を楽しめそうなら、正答数に応じてチップやスタンプなどで得点を与え、合計得点を競い合うこともできます。自己紹介や近況報告から出題することが基本となりますが、普段から顔を合わせている子ども同士なら聞き取りではなく、日々のかかわりの中から予測できる内容（その子の習い事や家族関係など）にアレンジすることもできます。

❸苦手自慢ゲーム（人数：3～6人くらい／時間：15～20分）

　誰にでも苦手なこと、嫌いなことがあるということを共感しあうゲームです。人の話を共感しながら聞く練習になり、加えて「みんなに自分の苦手なことを受け入れてもらえた」、というその集団の中での安心感を持つことにも役立ちます。

用意するもの お題カード（5、6枚程度）、チップまたはスタンプ

お題カード例

食べ物、勉強、音、学校行事、季節、学校でやること、生き物、場所、家でのことなど

進め方〈基本編〉

① お題が書かれたカードを用意し、山札にします。

② ゲームの概要（苦手なことを自慢した人や、他の人の発言を聞き取り、それに共感した人に得点がつくこと）、とルール（誰かの発表に対して「そんなことも出できないの？」など相手が傷つくようなコメントはしないこと）を確認します。

③ 順番にお題カードを引いていき、お題に応じて苦手なこと、どうして苦手なのかを発言していきます（終わったお題カードは、答えた人の前に置いても、山札に戻しても可）。

④ 聞いていた人は、発言内容について感想や気づいたことを、話した人に伝えます。

⑤ 苦手なことを発言できたり、発言を聞いて共感的なコメントが出来た際には大人がチップを配ったり、スタンプを押したりするなどしてコミュニケーションが取れた量を目に見えるようにします。

応　用

　チップやスタンプに得点をつけることにより、勝敗をつけることもできます。また、お題カードがなくても話せる子の場合、好きなテーマで苦手なことを発言する方法もあります。いきなり苦手なことを扱うのが難しい場合には、指導者が苦手なことをどんどん紹介してデモンストレーションしたり、はじめに「好きなこと」などをテーマにするのも良いでしょう。

　「共感」のイメージが持ちにくい子どもがいる場合は、「ぼくも○○だと思う」「△△って××だよね」などの共感的なコメントを、事前に確認し、必要に応じて、書いたものを掲示しておいても良いでしょう。

34 じょうずに会話ができるポイント（初級編）

次の文を読んで、考えてみましょう。
　お友だちや先生、お家の人とお話をすることは楽しいですよね。自分の考えや気もちを知ってもらえるとうれしくなります。相手に伝わったなと思うとさらにうれしくなります。また、相手の話を聞くことで親しくなることができます。このワークではじょうずに会話ができる話しかたポイントと、聞きかたポイントを2つずつ学びます。

❶ 話しかたポイント1　だれに向かって話しかけている？
だれに向かって話しているか、相手にわかるように、その人の
（①　　　　　　　　　　　）を呼んだり、その人の
（②　　　　　　　　　　　）を見るようにしましょう。
あなたが話しかけていることが、つたわりやすくなります。

話しかたポイント2　これから話そうとしていることはなに？
話したいことがしっかり伝わるように、「きのう見た動画のことなんだけど……」、「漢字テストのことなんだけど……」などのようにはじめに言いましょう。
こういうことばを（③　　　　　　　　　　　）と言います。

❷ 聞きかたポイント1　「聞きますよ」のサインを出そう
相手に話しかけられたら「はい」「なんですか」などの
（④　　　　　　　　　　　）をして、
相手の顔を見ましょう。これは「ぼく（わたし）は聞きますよ」
と相手につたえるためです。

聞きかたポイント2　「聞いていますよ」のサインを出そう
相手の話を聞きながら「ふーん」「なるほど」「そうなんだね」などの
（⑤　　　　　　　　　　　）を言ってみましょう。
聞きながらうんうんとうなずくような動きも大事です。2つの聞きかたポイントがしっかりできると、相手は「ちゃんと聞いてもらえてうれしいな」という気もちになります。

まとめ　話すことと、聞くこと。会話のときには両方できるといいですね。

35 先生の話がわからなくなったとき

次の文を読んで、考えてみましょう。
　授業中、先生はクラス全員に向かって話すことが多いです。あなたは、①〜④のようなことがありますか。そんなとき、役立つことばを〈役立つことばリスト〉から選んで、ア〜カで書いてみましょう。いくつかのことばが入るところもあります（いくつでも）。

①話すスピードが速くて、聞き取れなかった	よくある・すこしある・ない
そんなとき、役立つことば	
②話が長くて、はじめのほうの話をわすれてしまった	よくある・すこしある・ない
そんなとき、役立つことば	
③教科書の何ページを開くのかわからなくなってしまった	よくある・すこしある・ない
そんなとき、役立つことば	
④わからないことを、近くの友だちに聞いてみようとした	よくある・すこしある・ない
そんなとき、役立つことば	

〈役立つことばリスト〉

　㋐ ねぇ○○くん　　　　　　　　　　　㋑ 先生、もう少しゆっくりお話ししてください
　㋒ ちょっといいかな　　　　　　　　　㋓ 先生、〜から、もう一度言ってくれますか
　㋔ 先生、今のお話を黒板に書いてくれませんか　㋕ すみません、今は何ページを開きますか
　㋖ 先生、わからなかったところがあります　　㋗ 今は○ページで合ってる？

●大人の人に先生役になってもらって、役立つことばの練習をしてみましょう。うまく言えたら✓をもらいましょう。＊先生役のセリフは解説にあります。

	先生から✓
先生、もう少しゆっくりお話ししてください	
先生、今のお話を黒板に書いてくれませんか	
すみません、今は何ページを開きますか	
先生、わからなかったところがあります	

●練習してみた感想（いくつでも）
　・言えるようになりたい　・練習すればできそう
　・うまく言えたと思う　　・むずかしかった
　・少しむずかしかった　　・学校ではやりたくない

●「役立つことば」を言うのが、むずかしいと感じる人は、お家の人に伝えて、お家の人から先生にお話ししてもらったり、先生にお手紙で伝えるのもよいでしょう。

36 やりとりを深めよう ことばのチップ

　おしゃべりするとき、自分ばかり話しすぎたり、プツンと話を切るような言い方をしてその場の雰囲気（ふんいき）を悪くしていませんか？「ことばのチップ」を使って、話のやりとりを続ける練習をしてみましょう。

用意するもの　4種類のことばのチップ（コピーして切り分けておく：p.185）、チップを入れるトレイ人数分

進め方　※詳細は解説ページ

① 2〜3人が1チームになります。
② お題リスト（p.185）からお題を選びます。リストに書いていないお題でもOKです。
③ 同じチームの人同士で、2分間でできるだけおしゃべりを続けましょう。
④ 話した内容に応じて、自分のトレイにチップを入れていきます。

＊話しながらチップを入れるのは少し難しいので、先生や判定係の人をつくって、会話を聞きながらその人に入れていってもらえるとよいでしょう。

● チップの種類

質問チップ	話題提供（わだいていきょう）や質問	あいづちチップ	あいづち
？	「○○と○○ならどっちが好き？」「いちばん○○（例：好きな）のは何？」「きみは？」	😊😊	「へーそうなんだ」「ふーん」「なるほど」「おんなじだな〜」「そうそう」「まじ？」
答えチップ	質問への答え	ひらめき・体験・感想チップ	質問から発生した自分の体験・考え・感想・意見
👄	「ぼくは○○だよ」	💡	「自分はね…」「このまえさ…」「それはすごいね自分だったら…」「自分もこんなことがあったよ」

● 2分間のおしゃべり後、自分のチップの数を書き入れてみましょう。
● 記録　今回のお題（　　　　　　　　　　　　　　　　）
　　いっしょにやったメンバー　　　　さん・　　　　さん

● あなたは特にどのチップのことばを増やすとよさそうですか。

● そのチップのことばの例を3つくらい書いてみましょう。

＊テーマを変えたり、チームを変えて何回かチャレンジしてみましょう。

37 じょうずに会話ができるポイント（上級編）

会話はよく、「ことばのキャッチボール」にたとえられます。ことばが、行ったり来たりしながら、だんだんと自分の言いたいことが伝わったり、相手の言いたいことがわかってきたりするものです。

会話のやりとりがうまく進むには、いくつかポイントがあります。あてはまる「言い方・セリフ」を「言い方・セリフリスト」（p.102）から選び、下のふきだしに㋐～㋛どれかを書いて、会話のポイントを確認していきましょう。

会話がうまく進むポイント	なぜ、このポイントが大切なのか（これができると……）	言い方・セリフ
①相手によびかける	相手のタイミングに合わせて会話できたり、相手が、頭や心のじゅんびができる	
②話題・内容を伝える	今から何の話をするか、わかったほうが、聞く人が、頭や心のじゅんびができる	
③考えやできごとを伝えあう	おたがいに考えていることがわかると安心できたり、次に何を話せばいいか、どうしたらいいかがわかる	
④理由を伝えあう	おたがいの考えていることが、もっとくわしくわかる	
⑤話をいったん受け止めて、かえす	すぐに言いかえしてしまったり、話している途中でしゃべってしまうと、相手が悲しい気もち、いやな気もちになる	

〈㊲じょうずに会話ができるポイント（上級編）〉

会話がうまく 進むポイント	なぜ、このポイントが大切なのか （これができると……）	言い方・セリフ
⑥聞きかえす・ かくにんする	相手の言いたいことをまちがって受けとらないため	
⑦すぐに答え られない ことを伝える	だまったままでいると、相手がどうしたらいいか、わからなくて　こまってしまう	
⑧べつの話題・ ないように かえることを 伝える	いきなりテーマが変わると、相手が会話についてこられなくなってしまう	

言い方・セリフリスト	㋐どうしてかというと～	㋑ちょっと待ってくれる？ かんがえ中なんだ…
㋒それは、 　～っていうこと？	㋓なるほど…。でも～	㋔話はかわるんだけど…
㋕○○さん、 　聞いてくれる？	㋖～だと思う。 　～があったんだ。	㋗～のことなんだけど…

まとめ

● ポイントを取り入れて会話すると、コミュニケーションが上手になります。あなたが特に気をつけるとよさそうなことを２～３つ選んで㊳のワークにも取り組んでみましょう。

● ポイントに気をつけることで、「自分のことも話し、相手のことも聞く」というバランスのいいコミュニケーションになります。

38 話し合いリーダーにチャレンジしてみよう

このワークでは、あたなが、話し合いのリーダーになって、「㊲じょうずに会話ができるポイント（上級編）」を使いながら、ことばのキャッチボールをする練習です。

準備❶

㊲の中から、がんばることを２〜３つくらい選びましょう。選んだポイントについて、例１のほかに、どんな「言い方・セリフ」があるか考えて、例２に書きましょう。そのポイントをはさみで（-------にそって）切り取って、次のページの□の中に、はりましょう。

①相手によびかける	②話題・内容を伝える
例１：〇〇さん、聞いてくれる？	例１：〜のことなんだけど…
例２：	例２：

③考えやできごとを伝え合う	④理由を伝え合う
例１：〜と思う。〜があったんだ。	例１：どうしてかというと…
例２：	例２：

⑤話をいったん受けとめて、かえす	⑥聞きかえす・確認する
例１：なるほど…でも〜	例１：それは、〜っていうこと？
例２：	例２：

⑦すぐに答えられないことを伝える	⑧別の話題・内容に変えることを伝える
例１：考え中なんだ…	例１：話は、変わるんだけど…
例２：	例２：

〈㊳話し合いリーダーにチャレンジしてみよう〉

準備❷

話し合いのテーマを表の□に書きましょう。たとえば、2〜6人くらいで話すなら、「みんなで遊ぶゲーム」「調理実習のメニュー」、家族と話すなら「今度の休みのお出かけ先」などは、どうでしょうか。

今日、話し合いリーダーにチャレンジする。話し合いのテーマは…	がんばるポイントをはる
がんばるポイントをはる	がんばるポイントをはる

● **話し合いスタート！**

それでは、話し合いリーダーにチャレンジしてみましょう。話し合いが終わった後で、会話がつながるポイントに気をつけられたかどうか、ふりかえり、ふきだしに書きましょう。

「会話がつながるポイント」に気をつけられましたか？
ふりかえりで考える内容
① しっかりできた・まあまあできた・少しはできた・むずかしかった
② このちょうしでがんばれそう・これからは〜するといい　など

話し合いリーダーをやってみて、

39 場の雰囲気とは何でしょう?

次の文を読んで、考えてみましょう。
　場面AとBの絵を見たとき、それぞれどんな感じがするでしょうか？　……このように、見たり、聞いたりしたときに、感じられることを「場の雰囲気」と言います。

〈場面A〉　　　　　　　　　　〈場面B〉

●場の雰囲気の中には、下の①〜④イメージのようなことがふくまれます。

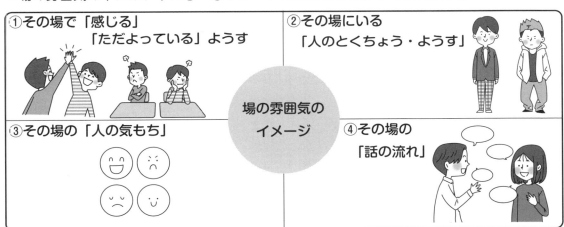

　たとえば、イライラしている気もちの子に話しかけに行って、自分が楽しかった話をしても、おもしろいとは思ってもらえず、もっとイライラさせてしまうかもしれません。ですから、場を感じて、行動することは、大切だと言えます。まずは、「場の雰囲気」にあった行動ができるように、自分が、がんばりたいこと・がんばれそうなことを下から選んで、○をつけましょう。

	みんなのようすや全体のようすを見わたしてみる（にぎやか・しずかなど）
	相手の表情や行動をよく見てみる（楽しそう・つらそう・いそがしそうなど）
	相手の会話の内容をよく聞いてみる
	相手の声のようすを聞いてみる（はずんでいる、トゲトゲしているなど）
	「今、〜のことを話してもだいじょうぶ？」と確認してみる
	今、何をしているところなのか思い出してみる（○○の話し合い中、しずかに問題に集中しているなど）

まとめ　「場の雰囲気」は、はっきりとことばで説明されないことも多いので、すべてを正しくわかることは、むずかしいことです。少しずつ気をつけていけばだいじょうぶですよ。また、わかりにくいときは、相談できる人がその場にいたら聞いてみましょう。

40 相談を勝手に進めてしまう子

楽しく会話を続けるためには、自分の意見を言うことのほかに、相手のようすを見ることも大切です。「相手のようすを見る」とはどんなことでしょう。以下のやりとりから考えてみましょう。

> 今日は宿泊学習のときのハイキングをする4人ずつの班に分かれて相談しています。班の中でひとり、リーダーを決めるのです。リーダーの役割は先頭に立って歩くことと、班のみんながハイキング中に発見したことを、学校にもどったあと授業の中で発表することです。
> リーダーのような役割をするのが大好きなAさんは、ぜったいリーダーがやりたいと思いました。そこで他の3人に次のように言いました。
> 「ぼくがリーダーでいいよね」
> Bさんは「う〜ん、ぼくもさぁ……」と言って首を少しかたむけました。Cさんはしばらく考えたあとで「まあ、Aさんがやりたいならいいんじゃない」また、Dさんは「調べたことの発表がAさんにはなぁ……」と言いました。
> 3人のことばを聞いたAさんは3人の発言には何も返さず「じゃあぼくがこの班のリーダーってことでいいね！」と言ってニコニコしています。

考えてみよう❶

Bさん、Cさん、Dさんのことばには、どんな気もちがかくれているでしょう。

	どんな気もちがかくれている？本当は言いたいことは？
Bさん「う〜ん、ぼくもさぁ……」	
Cさん「まあ、Aさんがやりたいならいいんじゃない」	
Dさん「調べたことの発表がAさんにはなぁ……」	

考えてみよう❷

もっとよい相談にするために、Bさん、Cさん、Dさんそれぞれの人へのAさんの返事を考えてみましょう。

	Aさんの返事
Bさん「う〜ん、ぼくもさぁ……」	
Cさん「まあ、Aさんがやりたいならいいんじゃない」	
Dさん「調べたことの発表がAさんにはなぁ……」	

まとめ

41 遊ぶ約束をするときは……

次の文を読んで、考えてみましょう。

　Aさんとbさんで、学校から帰っているときの出来事です。Bさんが、「今日は、新しくできた北公園で遊ばない？」とAさんに言いました。Aさんは、Bさんのことばには答えずに「南公園で集合ね。今日は、おやつこうかんもしたいよね！わたしは、家にチョコがあったから持っていくね。Bさんは、チョコじゃないおかしを持ってきて！いろんなおかしが食べたいでしょ。じゃあ、後でね」と言い、自分の家のほうにスタスタと歩いていきました。

❶Aさんの話（下線部）を聞いたBさんは、どんな気もちになると思いますか。あてはまると思うものを〇でかこみましょう（いくつでも）。

良いアイデアを言ってくれてうれしい・わたしの話を聞いてほしい・命令しないでほしい・おやつこうかんが楽しみ・自分勝手にきめないでほしい・Aさんっておもしろいな・Aさんは勝手だな

❷Aさんは、どうするとよかったでしょうか。あてはまる番号の前に〇を書きましょう（いくつでも）。

	①	「わたしの家からは南公園が一番近いから」と、南公園がよい理由も言えば良かった
	②	「南公園で遊んで、おやつこうかんもしたいんだけど、いいかな？」とBさんにたずねると良かった
	③	自分の行きたい公園とやりたいことを言いながら、Bさんの顔を見て、どう思っているか、考えると良かった
	④	Bさんに「北公園で遊ばない？」と言われたとき、「北公園はいやだよ」とはっきりと自分の気もちを伝えると良かった
	⑤	「南公園で遊びたい」と言った後で、Bさんの返事をきく。その返事について、Aさんの思ったことを話して、どちらの公園にするか2人で決める。その後で、おかしこうかんもしたいことを話す

❸＿＿＿＿＿を選んだのはなぜですか。話してみましょう（別の紙に書いてもよいです）。

❹＿＿＿＿＿を選ばなかったのはなぜですか。話してみましょう（別の紙に書いてもよいです）。

❺Aさんに、「南公園で待ってるね」や「チョコじゃないおかし持って来て」と言われたとき、Bさんは、どうすると良かったでしょうか。

42 相談しながら、ならべかえクイズに挑戦

　トランプやボードゲームなどの遊びが好きな人は多いでしょう。それでは、相談しながら遊ぶチーム対抗の遊びはどうですか。チーム対抗の遊びは、人の話を聞いたり、自分の意見を伝えたりというコミュニケーションの練習にぴったりです。楽しみながらコミュニケーションの経験をしていきましょう。

ならべかえクイズ

進め方

①2〜4人のチームに分かれよう。

②お題（お題例は解説ページ）を見て、まず自分で1位、2位、3位を予想しよう。

③チーム内で、自分の予想を伝えあい、その後チームの答えを1つにまとめるために相談しよう。相談するときは、下にある〈相談ことば1、2〉を使って、相談してみよう。

④先生から、答えを聞き、ならべかえ成功得点を記入しよう。

⑤先生から、自分たちのチームの「相談のことばポイント」を聞き、それも記入し、合計点数を計算しよう。

得点の決め方

〈ならべかえ成功得点〉

3つとも合っていた	**30点**	2つ合っていた	**20点**	1つ合っていた	**10点**

〈相談のことば1〉 伝えあうときのことば　（例）言えたら1回につき1点（先生による採点）

- 人の名前をよぶ　・「わかった」「OK」などの返信　・「いいね」「たしかに！」などのあいづち
- 「ねえ」「あのさ〜」など、話しかけるためのことば

＊名前を呼ばれたとき、相手に顔を向けるのも1点とします

〈相談のことば2〉 意見を1つにまとめるためのことば　（例）言えたら1回につき2点（先生による採点）

- 「どうしてこういう順位にしたの？」と人の意見の理由を聞く
- 「〜は〜だから〜位だと思うよ」「〜は〜だから〜位ではないと思うよ」と自分の意見と、その理由を言う
- 「じゃあ今回はAさんの意見にしよう」など、意見がまとまらないときにゆずることを言う

〈ならべかえクイズに挑戦〉

同じチームの人（　　　　　）さん、（　　　　　）さん

問題1 次のスポーツを、一度に競技場に出ている人の多い順にならべる

A サッカー	B バスケットボール	C ラグビー	D 野球	E バレーボール

〈自分の予想〉

1位	2位	3位

〈相談してまとめたチームの予想〉

1位	2位	3位

正解は
1位　　　　2位　　　　3位

ならべかえ成功得点	相談のことば1のポイント（先生によるさい点）	相談のことば2のポイント（先生によるさい点）
点	点	点

問題1の合計

点

問題2 ＿＿＿＿＿＿＿＿＿＿＿＿＿＿＿＿＿**順にならべる**

A	B	C	D	E

〈自分の予想〉

1位	2位	3位

〈相談してまとめたチームの予想〉

1位	2位	3位

正解は
1位　　　　2位　　　　3位

ならべかえ成功得点	相談のことば1のポイント（先生によるさい点）	相談のことば2のポイント（先生によるさい点）
点	点	点

問題2の合計

点

● 相談のとき、自分の意見を言うことと、人の意見を聞くことが少しでもできればOKです

43 わかりやすく話すには　その①

小学生のAさんとBさんが朝、教室でそれぞれ友だちのCさん、Dさんに話しかけています。AさんとBさんは同じようなことを、こうふん気味に話しています。

Aさん：おはよう、Cさん！　ニュース、ニュース大ニュース！　すんごいよー、ちょうラッキー！　6本もだよ。どうぞどうぞっていうから、6本もらっちゃったー。きのうの帰りに。明日もやってるって！　Cさんも行ってみれば？

Bさん：おはよう、Dさん！　ニュース、ニュース大ニュース！　すんごいよー、ちょうラッキー！　きのうの帰り、○×ストアーの前でキラキラキッズスクールの人がえんぴつ配ってたんだよ。「妹の分と、2本もらえますか？」って聞いたら「どうぞ、どうぞ」って言ってさ、「6本もくれたんだ！」そして「あしたの放課後もここに4時までいますから、お友だちにも教えてあげてね」だって。Dさんも今日行ってみれば？

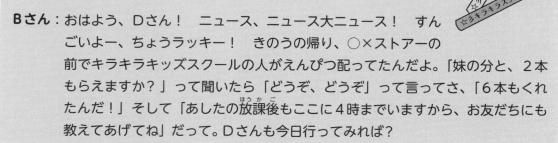

❶Aさんのせつめいとびさんのせつめいではどちらがわかりやすいでしょうか。○でかこみましょう。

　　　・Aさん　　　　　・Bさん　　　　　・どちらもかわらない

❷Bさんの言っていることの中で、Aさんは言っていなくて、Bさんだけが言っていることばや内容に下線を引きましょう。

❸相手にわかりやすく伝えるには
「いつ・どこで・だれが・なにを・どうした」を入れて話すと伝わりやすくなります。

　下のBさんの話の中の「いつ」には赤、「どこで」には青、「だれが」には緑、「なにを」にはオレンジ、「どうした」には水色の下線を書いてみましょう。

Bさん：ニュース、ニュース大ニュース！　すんごいよー、ちょうラッキー！　きのうの帰り、○×ストアーの前でキラキラキッズスクールの人がえんぴつ配ってたんだよ。「妹の分と、2本もらえますか？」って聞いたら「どうぞ、どうぞ」って言ってさ、6本もくれたんだ！　そして「あしたの放課後もここに4時までいますから、お友だちにも教えてあげてね」だって。Dさんも今日行ってみれば？

まとめ　人に何かを伝えるときは、「いつ」「どこで」「だれが」「なにを」「どうした」がしっかり入っているか、考えながら話してみましょう。

44 わかりやすく話すには　その②

その①では、わかりやすく話すためには「いつ」「どこで」「だれが」「なにを」「どうした」を入れて話すとよいことを知りました。他に、「なぜなら」（理由）も入れると、もっとわかりやすくなることがあります。

● Aさんが校庭での遊び方を友だちのBさんに伝えていますが、Bさんは困っています。こうやって伝えるといいよ、とAさんに教えてあげてください。

Aさん：ねえ、ねえ、Bさん、だめだって。でもだいじょうぶになるかもしれない。そしたらやろうね。放送ちゃんと聞かなくちゃだよ。

①校庭に水たまりがたくさんできているので中休みは校庭では遊べません
②昼休みに使えるかは給食の時の校内放送で伝えます。
　　　　　　　　　　　　　校長先生

Aさん、こう言ったらいいかもね。

Aさん、今日は、中休み

だって、

だからだよ。

もしかしたら遊べるかもしれないけど

111

45 わかりやすい順番で話す（好きなこと紹介）

　発表や作文の内容を考えるとき、みんなに聞いてほしいこと、伝えたいことがたくさんあっても、思いつくままいろいろ話すと長くてわかりにくいものになってしまいます。このワークでは、どんなことをどんな順番で話すとよいのか下書きメモを作りながら考えてみます。

（進め方）

①好きなことを何か一つ決め、下書きメモ（例）を参考に、そのことに関係して思いついたことをメモに書く。

②メモに書いたことを、大事な順によって、大中小に分けてみる。

③（大）（中）（小）に分けたあとで、先生に見てもらい、必要なら分け方を変える。

④（大）2つ→（中）3つくらいの順番で作文にしてみる。それを発表するときは、「です」「ます」をつけてていねいに話す。

⑤書いたものを発表しあう。

〈メモに書いたことの分類の仕方〉

（大）聞いている人が、はじめに知りたいであろうこと（いつ、どこ、だれなど）

（中）好きな理由、楽しみ方など

（小）細かいこと。言わなくても、内容が伝わること

●テーマ：好きなこと（例：サッカー）

〈下書きメモ〉（メモに書くときは、きちんとした文になっていなくてもOKです）

1	チームの名前…FCジュニアみどり	ⓧ大・中・小
2	去年、兄といっしょに入った	ⓧ大・中・小
3	うまくなるとうれしい	大・ⓧ中・小
4	父ともときどき公園で練習する	大・中・ⓧ小
5	リフティング50回できる。ドリブルがとくい	大・ⓧ中・小
6	チームの練習　毎週土曜で、きついけど、とてもたのしい	大・ⓧ中・小
7	ちがう学校の友だちができた	大・中・ⓧ小
8	はいているスパイクの色はイエロー	大・中・ⓧ小
9	レギュラーになって活やくしたい	大・ⓧ中・小
10	好きな選手は、日本代表の伊藤選手です	大・中・ⓧ小

〈下書きメモを使って書いた好きなこと紹介〉

　ぼくのすきなことは、サッカーです。チームに入っていて、チームの名前はFCジュニアみどりです。去年、兄といっしょに入りました。チームの練習は週1回土曜日で、とてもきついですが、前は一回もできなかったリフティングが今は、50回できるようになりました。うまくなってくると、とてもうれしいです。

　上級生に、うまい人がいっぱいいて、試合にはあまり出たことがありません。でも、来年は5年生になるので、レギュラーになってかつやくしたいと思っています。

テーマ：好きなこと（　　　　　　　　　　　　　）

〈下書きメモ〉

1		大・中・小
2		大・中・小
3		大・中・小
4		大・中・小
5		大・中・小
6		大・中・小
7		大・中・小
8		大・中・小

〈下書きメモを使って書いた好きなこと紹介〉

まとめ　作文や発表が長くなりすぎてしまう人は、この書き方を学校の授業でも使ってみましょう。

46 ポイントをつかんで話そう 10文字早当てクイズ

> **ルール**

出題者 できるだけ早い段階で（＝少ないヒントで）答えを当ててもらえたら高得点をゲットできます。

解答者 できるだけ早い段階で（＝少ないヒントで）答えを当てたら高得点をゲットできます。

ヒントの文字数 1回に、最大10文字までで考えます。

ヒントの形 必ず、最後に「です」「ます」「ある」「だ」などをつけ、文の形にします。

ヒントでの禁止 答えに入っていることばは使えません。（首輪→犬の首につけます×）

> **得点表**

	出題者	解答者
第1ヒントで当たったら	5点×正解者数	5点
第2ヒントで当たったら	4点×正解者数	4点
第3ヒントで当たったら	3点×正解者数	3点
第4ヒントで当たったら	2点×正解者数	2点
第5ヒントで当たったら	1点×正解者数	1点
最後まで当たらないと　0点		

> **進め方**　3〜5人でやるとよいでしょう。　＊解説ページに例題があります。

①各自が先生からお題カード（p.186）を受け取り、自分のお題を確認します（他の人に見えないように、気をつけましょう）。
②各自が自分のお題について、第1ヒントから第5ヒントまでそれぞれ10文字以内で考えます。
③順番に出題者になります。問題を第1ヒントから読み上げ、ほかの人は回答者としてその都度答えを書きます（思いつかないときはなにも書かず、そのまま次のヒントを聞きます）。
④第5ヒントまで読み、最後に答えを発表します。
⑤それぞれが何番目のヒントで正解したかを確認して得点を計算します。
⑥全員が出題者をやるまで続けて、全員が終わったら総計を計算します。

●**自分が出題者のとき用シート**

第1ヒント

第2ヒント

第3ヒント

第4ヒント

第5ヒント

答え（　　　　　　　　　　　　　　　　　　）

〈㊻ポイントをつかんで話そう10文字早当てクイズ〉

〈解答シート〉

出題者は　　　　　　さん	ヒントを聞いての答え
第1ヒント	ここで正解すると5ポイント
第2ヒント	ここで正解すると4ポイント
第3ヒント	ここで正解すると3ポイント
第4ヒント	ここで正解すると2ポイント
第5ヒント	ここで正解すると1ポイント

出題者は　　　　　　さん	ヒントを聞いての答え
第1ヒント	ここで正解すると5ポイント
第2ヒント	ここで正解すると4ポイント
第3ヒント	ここで正解すると3ポイント
第4ヒント	ここで正解すると2ポイント
第5ヒント	ここで正解すると1ポイント

● 得点計算

　出題者としての得点（　　　　　）点

　回答者としての得点（　　　　　）点

合計　　　　　点

47 順序だてて説明することが練習できるゲーム3つ
（①ヒントのトビラ／②買いものゲーム／③この人はどこに）

　自分が知っている（見ている）ことを大切な順に相手に伝える練習ができるゲームです。どの遊びも、聞くことの練習にもなります。また、話すほうも聞くほうも、相手を意識することが必要です。

＊解説ページに①〜③のゲームの〈応用編〉を記載しています。

①ヒントのトビラ（人数：4〜5人くらい／時間：15〜20分）

　自分に配られたイラストが何かを当ててもらうために、「ヒントのトビラ」を手がかりにして問題を考え、お互いに出題しあいます。どのような順番でヒントを出すと早く答えをあててもらえるかを考えることで、他者にわかりやすく伝えることの経験を積みます。

用意するもの　人数分のイラストカード（動物、食べ物、乗り物などが何か1つ書かれているもの）、ヒントのトビラ（10cm×15cmくらいのサイズ。ラミネートして、裏面にマグネットシートを貼ると使いやすい※写真参考）、考えたヒント3つを書く紙、小さいホワイトボードまたは、B5サイズ程度の白紙（各自の解答を記入するため）

「ヒントのトビラ」に書くことの例

なかま・大きさ・場所・手ざわり・鳴き声・味・色・使い方・形・そざい・温度・もよう

進め方〈基本編〉

① あらかじめ用意した「ヒントのトビラ」を全員に見えるように提示します（どのヒントのトビラを使うかは、大人が選んでおきます）

② 各自、自分が出題する準備をします。ヒントのトビラを見ながら、自分が担当するイラストカードの内容を当ててもらうためのヒントを3つ決めます。このとき、考えたヒントは、自分で、または大人がメモしておいてもよいです。どのような順番でヒントを出したらよいかも考えます。

③ 順番を決め、問題を出し合います。解答の際にはホワイトボードや用紙に答えを書き込み、一斉に解答します。

3つのヒントを聞いたあとで各自のこたえを小さいホワイトボードに書き込みます

②買いものゲーム（人数：4～6人くらい、ペアでおこなうので偶数が望ましい／時間：10～15分）

話し手は、買いものマップ（p.187）を見ながら、聞き手にルート案内をします。聞き手は聞き取った情報をもとに質問を交えながらマップ上で買い物をしていくゲームです。他者視点に立ちながら、相手の理解を確かめつつ、順序立てて話す練習ができます。

用意するもの 買いものマップのコピー、筆記用具、タイマーなど

進め方〈基本編〉

① ペアになった二人が横並びになります。
② 話し手は商品の名前が書き込まれた買い物リストを大人から受けとり、聞き手の主観視点に立ちながら案内します（地図を俯瞰で見て、『一番右上の棚』などとやりとりしないことにします）。また、指さしやジェスチャーなどは用いないこと、商品の名前をそのまま伝えないことを確認しておきます。話し手はリストに書かれた順番の通りに案内する必要はなく、買い物がしやすい順番で話してよいことも伝えます。
③ 話し手は、買い物マップを見ながら伝える順番を決めた上で、「出入り口からまっすぐ行って、2つ目の棚を左に曲がり、左手側の1つ目の棚の商品を買います。」などと聞き手に指示していきます。スタート地点は出入り口とします。制限時間は3分くらいが良いでしょう。
④ 聞き手もプリントを見つつ、「ぼくから見て左手の棚でいいですか？」などと質問しながら、正しいと思う商品の名前をリストに書き込んでいき、一つ書けたら「一つ目OKです」など言って、次の指示を待ちます（書きこんだ商品は話し手には見られないようにします）。買い物が終わったら話し手の商品名を見て答え合わせをし、制限時間内により多く、正確に買い物ができたペアが勝利となります。

※左右の表現や理解があいまいな子どもは、実際にコマを動かしながら取り組むと良いでしょう。

③この人はどこに（人数：4～6人くらい、ペアでおこなうので偶数が望ましい／時間：10～15分）

話し手がプリントの中の特定のキャラクターについて説明し、聞き手に伝えるゲームです。話し手が、まず大枠（キャラクターのいる場所など）から伝えることで、特徴が似ている人物同士でも、区別してわかりやすく伝えることの経験を積みます。

用意するもの　筆記用具、タイマー、p.188のシートコピー1枚（共通イラストとして）、p.188のシートコピーに5か所印をしたもの（Aさん用とBさん用それぞれ1枚）※Aさん用とBさん用で、異なるキャラクターに、ちがう色で印をするとよいでしょう。

進め方イメージ

進め方〈基本編〉

①あらかじめ2人のプリントには、どのキャラクターを探すのかを印などで示しておきます（それぞれ異なる箇所）。話し手と聞き手の役割を交代しながら、10人（5人ずつ）のキャラクターを探していきます。制限時間は3～5分程度の範囲で、子どもの状況に応じて決めてください。

例
	話し手	聞き手
1回目	Aさん	Bさん
2回目	Bさん	Aさん

※交代のタイミングは5キャラクターがすべて見つかったらでもよいですし、1キャラクターごとでもよいです。

②話し手は、キャラクターの特徴を1つ説明し（一度にたくさん話さない）、聞き手は「OK、わかった」と返事をしたり、「その人は何か手に持ってますか」といった質問をしたりします。そしてどのキャラクターについての説明かわかったら印をつけていきます。

③制限時間内により多くのキャラクターを探せたペアが勝ちとなります。
話し手は、対象のキャラクターしか持たない特徴をどのように言語化するか、聞き手は話し手が伝えている人物が、自分が思っている人物と同じであるかを確認しながら取り組むことがポイントです。

※話し手が、聞き手の手元を見ながら説明するようにすると、やさしくなります。
※このワーク以外でも、類似性のある人や物が多く描かれているものであれば、インターネット上に公開されているまちがい探しなどのプリントも活用することができます。

48 相談や話し合いでは理由も言おう

　自分の気もちや考えを相手に伝えるとき、あなたはどうしていますか？「～がしたい！」または「～はいやだ！」とか、そういうことだけ言い続けてはいませんか？　自分の気もちや考えをわかってほしいときには、理由を一緒に言うようにしましょう。理由を聞いて、その人は「なるほど～」とか「そういう理由だったんだね」と思ってくれるかもしれません。

　次の２つの場面で、どんな意見の言い方が伝わりやすいのか考えてみましょう。だれかに登場人物をやってもらい、それを見ながら考えるのがおすすめです。

〈場面１〉　お楽しみ会で何をしてあそぶか、クラスで話し合いをしているところ

> **Aさん**　ぼくはクラスでドッジボール大会をしたいです。ぜったいしたいです。ドッジボールがいいです。ぜったいぜったいやりたいです。
> **Bさん**　ぼくはクラスでフルーツバスケットがしたいです。どうしてかというと、運動が苦手な人でも楽しめるからです。

　伝わりにくかった（　　　　　　）さんの意見を、みんなから「なるほど。そういう理由だったんだね。」と思われるように、「どうしてかというと」ということばをつけ加えて言ってみましょう。

> 「ぼくはクラスで　　　　　　　　　　　　　　　　　　をしたいです。
> どうしてかというと　　　　　　　　　　　　　　　　　　　　　　　」

〈場面２〉　Cさんの家で「夏休みにどこに出かけるか」の話し合いをしているところ

> **お兄さん**　ぼくは博物館（はくぶつかん）に行きたい。今恐竜展（きょうりゅうてん）をやっているから。Cも博物館に行けば夏休みの自由研究のネタが見つかるかもよ。行こうよ！
> **Cさん**　博物館なんていやだ。行きたくない。そんな場所、つまらないよ。

　伝わりにくかった（　　　　　　）さんの意見を、家族から「なるほど。そういう理由だったんだね。」と思われるように、「どうしてかというと」ということばをつけ加えていってみましょう。

> 「ぼくは、はく物かんに行きた（　　　　　）。
> どうしてかというと　　　　　　　　　　　　　　　　　　　　　　」

まとめ

119

49 自分についてのいろいろなこと
（理由の言い方①）

　みんなに、自分の考えや気もちを知ってもらうために、理由をつけて話す練習をしてみましょう。

❶ わたしは、学校の体育の授業が（すき・きらい）です。

1つ目の理由 なぜかというと	
2つ目の理由 ほかの理由は	

〈ヒント〉

走る　マット　鉄棒　得意　苦手　ほかの教科　習っている
小さいころから　今は　自信　運動会　球技　体力　うれしい　いやだ

❷ わたしは、家で一人で留守番をするのが（すき・きらい）です。

1つ目の理由 なぜかというと	
2つ目の理由 ほかの理由は	

〈ヒント〉

不安　のびのび　宿題　宅配の人　いつも　どきどき
お手伝い　電話　外で遊ぶ　ゲーム　好きなこと
きょうだい　うるさい

ピンポーン

❸ わたしは、夏が（すき・きらい）です。

1つ目の理由 なぜかというと	
2つ目の理由 ほかの理由は	

〈ヒント〉

暑い　汗　夏休み　冷たい　海　プール　蚊　エアコン
熱中症　花火　疲れる　イベント　旅行　食べ物　宿題

50 自分についてのいろいろなこと
（理由の言い方②）

　みんなに、自分の考えや気もちを知ってもらうために、理由をつけて話す練習をしてみましょう。（2つ目の理由は、書かなくてもよいです）。

❶ わたしは、学校の音楽の授業が（すき・きらい）です。

1つ目の理由 なぜかというと	
2つ目の理由 ほかの理由は	

❷ わたしは、冬が（すき・きらい）です。

1つ目の理由 なぜかというと	
2つ目の理由 ほかの理由は	

❸ わたしは、遊園地やテーマパークが（すき・きらい）です。

1つ目の理由 なぜかというと	
2つ目の理由 ほかの理由は	

❹ わたしは、いつか（　　　　　　　　　　）をしてみたいです。

1つ目の理由 なぜかというと	
2つ目の理由 ほかの理由は	

51 ディベートしてみよう①

考えや気もちに理由をつけて話す練習をするために、ディベート（議論、話し合い）にチャレンジしてみましょう。

ディベート内容
あなたは、朝食は　パン派？　それとも　ごはん派？

❶ 「パン」「ご飯」のそれぞれの「いいところ」と「ざんねんなところ」を表でまとめて、理由を話す準備をしましょう。

パン		ごはん	
いいところ	ざんねんなところ	いいところ	ざんねんなところ

❷ 表を見て、自分の意見を決めます。つぎに、パンかごはんか、あてはまるほうを〇でかこみます。それから、下線に理由を2～3つ書き、自分の意見を伝えましょう。1つまで、反対側の残念なところを理由にあげてもいいです。

ぼく・わたしは（　パン　・　ごはん　）派です。
その理由は（　2つ・3つ　）あります。

1つ目は、＿＿＿＿＿＿＿＿＿＿＿＿＿＿＿＿＿＿＿＿＿＿＿＿＿

2つ目は、＿＿＿＿＿＿＿＿＿＿＿＿＿＿＿＿＿＿＿＿＿＿＿＿＿

3つ目は、＿＿＿＿＿＿＿＿＿＿＿＿＿＿＿＿＿＿＿＿＿＿＿＿＿

だから、ぼく・わたしは　朝食には（　パン・ごはん　）をおすすめします！

52 ディベートしてみよう②

考えや気もちに理由をつけて話す練習をするために、
ディベート（議論、話し合い）にチャレンジしてみましょう。
※テーマの例は解説にあります

ディベート内容

あなたは、A _____ 派？

それとも、B _____ 派？

❶ A、Bそれぞれの「いいところ」と「ざんねんなところ」を表でまとめて、理由を話す準備をしましょう。

A		B	
いいところ	ざんねんなところ	いいところ	ざんねんなところ

❷ 表を見て、自分の意見を決めます。つぎに、AかBか、あてはまるほうを〇でかこみます。それから、下線に理由を2〜3つ書き、自分の意見を伝えましょう。1つまで、反対側の残念なところを理由にあげてもいいです。

ぼく・わたしの意見は　A・B　の _____ 派です。
その理由は（ 2つ ・ 3つ ）あります。

1つ目は、＿＿＿＿＿＿＿＿＿＿＿＿＿＿＿＿＿＿＿
2つ目は、＿＿＿＿＿＿＿＿＿＿＿＿＿＿＿＿＿＿＿
3つ目は、＿＿＿＿＿＿＿＿＿＿＿＿＿＿＿＿＿＿＿

だから、ぼく・わたしは _____ をおすすめします！

53 人とすごすときのちょううどいいきょり

あなたがだれかと過ごすとき、ドキドキ、ハラハラしないで、安心していられる「人とのちょうどよいきょり」（その人との体の近さ）はどれくらいですか。ふつう、そのきょりはあなたと相手との関係（親しさ）によって変わります。「家族」「仲がよい友だち」「クラスメイト、学校や習いごとの先生」「知らない人」「苦手な人」など。

また、人によって、このきょりはちがいます。人それぞれに「人とのちょうどよいきょり」があるのです。このきょりのことをパーソナルスペースとも言います。

● ◯ に入ることばを考えましょう。むずかしい場合はヒントから選んでみよう。

❶ あなたが、ドキドキしたり、ハラハラしたりせずに、安心して過ごすことのできる「人とのちょうどよいきょり」のことを 〔　　　　　〕 ともいいます。

❷ あなたの「ちょうどよいきょり」と、相手が感じる「ちょうどよいきょり」が 〔　　　　　〕 こともあります。

相手が、あなたからはなれようとしているときは、〔　　　　　〕 のかもしれません。

❸ 女の子同士、男の子同士、女の子と男の子など、相手の〔　　　　　〕によってもきょりは変わります

❹ クラスの友だち、上級生、下級生、大人の人など、相手の〔　　　　　〕によってもきょりは変わります。

〈ヒント〉　ちがう　　パーソナルスペース　　性別　　近づきすぎた　　年れい

● 考えてみよう、ぼく・わたしの「ちょうどよいきょり」

〈1のきょり〉
すぐに相手の体にさわれるくらいの近さ

〈2のきょり〉
腕一本分はなれている

下に書かれている人とは、〈1のきょり〉、〈2のきょり〉どっちで話したい（話したほうがよい）ですか。数字を書きましょう。人によって答えはちがうかもしれません。

家族（　）、おじいちゃんやおばあちゃん（　）、担任の先生（　）、近所のやさしいおばさん（　）、仲のいい同性の友だち（　）、仲のいい異性の友だち（　）、ふつうの友だち（　）、塾の先生（　）

54 だれかのパーソナルスペースに入るとき

❸では人とすごすときの、「ちょうどよいきょり」（＝パーソナルスペース）について考えてきました。次に「だれかのパーソナルスペースに入るとき」について考えてみましょう。１つの活動をやってみましょう。

❶ 「近づかれたらどんな感じ？」（大人と子どものペアでおこないます）
　①二人が3mくらいあけて、向かい合って立ちます。
　②入る役の人は、ゆっくりと、相手のほうに歩いていきます。
　③入られる役の人は「もう近づかないでほしい」と思う近さになったら、「止まって！」と伝えます。

あなたが「止まって！」と言ったきょりは
　　・１ｍより遠かった　　・ちょうど１ｍくらい　　・１ｍより近かった

先生が「止まって！」と言ったきょりは
　　・１ｍより遠かった　　・ちょうど１ｍくらい　　・１ｍより近かった

● 「入られる役」だったときの感想
　おもしろかった・何も思わなかった（知っている人だから）・ドキドキした
　近づいてこないでほしかった・仲良くなれたと思う・もうやりたくない

❷ それでも相手のパーソナルスペースに入って、話したり活動したりするときもあります。そんなときは、次のようなことに気をつけましょう。　　　　にことばを入れてみよう。むずかしい場合はヒントから選んでみよう。

　① 相手が自分のことを見えていないときには、話しかける前に　　　　　　　に移動します。
　② 「ねぇ〇〇さん」などのように、一言、声をかけましょう。
　③ 仲がよくても、相手の　　　　　にさわることはしません。
　④ 遊んでいるときなら、ハイタッチやグータッチはOKなときもあります。
　⑤ 相手が自分に近づきすぎだと思ったら、　　　　　　と伝えよう。
　⑥ 自分は１メートルより近くで話したくても、相手はもっとはなれてほしいときがあります。

〈ヒント〉　　　　体　　相手の前のほう　　近いよ

55 あまり親しくないのに近すぎない？

次の文を読んで、考えてみましょう。

　Aさんは楽しいことがだいすきです。同じクラスのBさんとはとても気が合うので、よくふざけあって遊んでいます。
　ある日、公園に行くと、Bさんととなりのクラスのさんが遊んでいました。Cさんとはいっしょに遊んだことはありませんが、Aさんは、いつもどおりBさんに声をかけるように二人に近寄って肩を組みながら「遊ぼう!!」といいました。Bさんはいつも通り笑顔で「お！ Aさん！」といいましたが、Cさんは、困った顔をして身体を遠ざけました。

❶Aさんはどんな気もちで、二人と肩を組んだのでしょうか。あてはまると思うものに○をしましょう。（いくつでも）

1	Bさんとだけ遊びたいな
2	くっついて遊ぶと楽しいよ
3	Cさんのことはよく知らないけど、まあいいや
4	いっしょに遊ぼう！
5	

❷Bさんはどんな気もちでしょうか。あてはまると思うものに○をしましょう。（いくつでも）

1	公園でAさんに会えてうれしい
2	Aさんもいっしょに遊ぼうよ
3	いまCさんと遊んでいるの、見てわからないの？
4	近づきすぎだよ
5	

❸Cさんはどんな気もちでしょうか。

1	Aさんだよね。仲良くしよう
2	Aさんも、遊びに入れてあげよう
3	いまBさんと遊んでいるの、見てわからないの？
4	Aさんのことは知っているけど、急に近づかないでほしいな
5	

❹Cさんの様子を見ると、Aさんは肩を組まないほうがよかったかもしれません。それはなぜでしょう。

56 異性とのきょり、近すぎない？

次の文を読んで、考えてみましょう。

　Aさんは、6年生の女子です。
　ある日の休み時間、男子のBさんと、自分も好きなゲームの話をしていました。Aさんよりもだいぶ先に進んでいるというBさんの話はとてもおもしろく、Aさんは前のめりになって聞きました。Bさんは、少しからだを引いたようでしたが、Aさんは話をもっと聞きたかったのでさらにBさんに近づきました。すると、BさんはAさんの目の前に手のひらを出しました。

❶ Bさんはなぜ、手のひらを出したのだと思いますか？
　あっていると思うものに〇をしましょう（いくつでも）

	1	こんなに気が合うなんてうれしいよ！　ハイタッチしよう！
	2	明日もまた、今日の話の続きをしよう
	3	ここから先は、教えられないよ。自分でがんばって進めてね
	4	もう、お話は終わりにしよう。
	5	近づきすぎているから離れてほしいな
	6	

❷ Aさんが、知っておいたほうがいいこととして、あっていると思うものに〇をしましょう（いくつでも）

	1	人の話をストップしようとするBさんのような人とは、無理に友だちにならなくてもよい
	2	いやがられたみだいだからもうBさんと話すのはやめたほうがいい
	3	相手が、体を引いたときはそれ以上近づかないほうがいい
	4	Bさんが女子だったら、女子同士なのでおたがいのきょりはあまり気にしなくてよい
	5	同じしゅみの人と話すのは楽しいから、きょりに気をつけてまた話せるときに話すとよい
	6	Bさんが男子で異性だから、女子同士よりもよりおたがいのきょりには気をつけたほうがよい
	7	

まとめ

57 相手の顔や声を気にかけよう その① （表情を知ろう）

「目は口ほどにものを言う」ということわざがあります。人の気もちはその人が口に出したことばよりも目つき（顔の表情）により強く現れている、と言う意味です。

また、「ことば（話）のニュアンス」ということばを聞いたことはありますか。これは、ことばには出にくい微妙な相手の考えや気もちのことで、声の高さや速度（声色と言います）で気もちを表現することです。

人に話をするとき、特にお願いごとをするときは相手のほうを見ることがまず大切です。そして、話しかけた時の相手の気もちを顔の表情や声で確認してから話を続けるかどうか決めることが大切です。このワークではまず、相手の顔、表情に注目してみましょう。

質問1 表情を知ろう！　下の顔はそれぞれどんな気もちでしょうか。あてはまる気もちを下から選び、□にア〜ケの記号を書き入れましょう。

ア：心配　はらはら　どうしよう	イ：気持ちがいい　あーすっきり	ウ：うれしい　にこにこ　やったー
エ：おこる　いらいら	オ：緊張　どきどき	カ：あせる　おろおろ　やばい！
キ：かなしい　しょんぼり	ク：はずかしい　もじもじ	ケ：いやだ　やだよー　やめてー

質問2　「お母さん、お願いがあるんだけど……」と話かけたとき、①②③④のお母さんの顔は話を聞いてくれそうですか？　難しそうですか？　OK（聞いてくれそう）、NG（難しそう）を選びましょう。

58 相手の顔や声を気にかけよう その② （声色を知ろう）

「目は口ほどにものを言う」ということわざがあります。人の気もちはその人が口に出したことばよりも目つき（顔の表情）により強く現れている、と言う意味です。

また、「ことば（話）のニュアンス」ということばを聞いたことはありますか。これは、ことばには出にくい微妙な相手の考えや気もちのことで、声の高さや速度（声色と言います）で気もちを表現することです。

人に話をするとき、特にお願いごとをするときは相手のほうを見ることがまず大切です。そして、話しかけたときの相手の気もちを顔の表情や声で確認してから話を続けるかどうか決めることが大切です。このワークでは、相手の声の高さや速さ（声色）に注目してみましょう。

質問1 声色を知ろう。次の話を聞いてその人の気もちを考えましょう。
先生が演じてみます。

① 「これほしかったんだ。ありがとう！」
　　・ほしかった　　　　・ほしくなかった

② 「きょうの夜ごはんは　カレーだ！」
　　・カレーを食べたい　・カレーを食べたくない

③ 「教えてくれて、ありがとう」
　　・うれしい　　　　　・うれしくない

④ 「あーこれか、知っている、知ってる！」
　　・うれしい　　　　　・うれしくない

質問2 「お母さん、お願いがあるんだけど……」と話かけたとき、①②③④のお母さんの声は話を聞いてくれそうですか？　難しそうですか？
OK（聞いてくれそう）、
NG（難しそう）を選びましょう。

　　① OK ・ NG　　　③ OK ・ NG
　　② OK ・ NG　　　④ OK ・ NG

なあに？

59 絵の具を貸してくれた友だちの気もち

　図工の時間に絵をかいたときのことです。Aさんは自分の白い絵の具を使い切ってしまったので、となりの席のBさんに借りようと思いました。Aさんは「Bさん、絵の具の白を少しください！　お願いします！」とていねいにお願いしました。Bさんが困った顔をして「えーーー、ちょっと……。　まあ、いいけど……」と言ったので、AさんはBさんの絵の具の箱から、さっと白の絵の具を取って、2センチくらい自分のパレットに出しました。そして、Aさんは「Bさん！ありがとう。」と元気よくお礼を言って返しました。

　その日の放課後、Bさんが他の子にこう言っているのをAさんは聞きました。「Aさんには本当にこまっちゃうよ。白い絵の具、残りあと少しになっちゃった」。そのことばを聞いたAさんは、自分の何がAさんをこまらせたのかわかりませんでした。だってBさんはいいと言ってくれたし、返す時にはお礼も言ったのです。

質問　Bさんの2つのことば「えーーー、ちょっと……。まあ、いいけど……」と「Aさんには本当にこまっちゃうよ。白い絵の具、残りあと少しになっちゃった」ということばから、Aさんに「少しください！」とたのまれたときのBさんの気もちはどんなものだったか、選んでみましょう（いくつでも）。

1	Aさんがていねいにたのんできたから、気もちよくわたしてあげよう
2	自分も白の絵の具は使うから、あまり使ってほしくないな
3	「あまり使わないでほしい」という気もちがAさんに伝わってほしい
4	ほかの人や先生にたのんでほしいな
5	Aさんが「ありがとう」を言ってくれてうれしいな

練習　だれでも、心から「いいよ」と言っているときと、本当はいやだなと思っても、「いいよ」と言う場合があります。「いいよ」と「本当はいやだな」の真ん中くらいのときもあります。気もちを読み取る練習をしてみましょう。

・Aさん役は自分です。「絵の具の白を少しください！」と言いましょう。Bさん役の人は1〜3どれかの気もちで「いいよ」と言います。
・Bさん役をやってくれた人＿＿＿＿＿＿＿＿さん
・どの気もちの「いいよ」か当てられたら、右の表に○を書きます。3つともやってみましょう。

1	心からの「いいよ」
2	「いいよ」と「本当はいやだな」の中間
3	「本当はいやだな」という気もちの「いいよ」

まとめ

60 家族や友だちの様子をよく見よう

① 次の文を読んで、考えてみましょう

Aさんは、今日お父さんが帰ってきたら、お父さんがくわしい理科の勉強を教えてもらおうと思っていました。夜、お父さんが帰ってきたので、お父さんに次から次へと質問しました。お父さんは「あとにしてくれよ」と言って、お風呂に行ってしまいました。Aさんはお風呂から出たお父さんがソファで休んでいるところに質問しに行きました。「見ればわかるだろう、今日お父さんは疲れてるんだよ。自分でネットで調べてやりなさい」と言われてしまいました。Aさんはお父さんが今日疲れていたことに気がつきませんでした。

❶「見ればわかるだろう」とお父さんは言いましたが、なにを見ればお父さんが疲れていることが、Aさんにわかったのでしょう

❷ お父さんが疲れていることがわかったらどうしたらよかったのでしょう

② 次のお話を読んで、考えてみましょう。

BさんとCさんは、放課後にときどきオンラインゲームを一緒にやります。今、Bさんは、Cさんに今日の予定を聞こうとしていますが、Cさんは教室の前のほうで先生と長い時間話していました。そして話し終わったCさんは席につくなり、目をつぶって下を向き「は〜っ」と大きなため息をつきました。Bさんは「ねえ、今日またゲームできる?」とCさんに聞きました。Cさんの返事は「見ればわかるでしょう。今、そんな気分じゃないんだ」
BさんにはCさんが今どんな気分でいるのか、よくわかりませんでした。

❶ Cさんの気分はどんな気分だと思いますか

❷ それはCさんのどんな様子からわかりますか

❸ Bさんは、Cさんの気もちがわかったらどうしたらよかったのでしょう

まとめ

61 気もちの表現と読みとりが 練習できるゲーム
（表情すごろく〜小学生のいちにち）

人数：2〜4人くらい／時間：15分前後

用意するもの

①p.189の表情すごろくシート（B4やA3など使いやすい大きさに拡大コピーしておく。イラストに彩色したり、ラミネートをかけておくとよりよいでしょう）

②サイコロ（1〜3までのサイコロにすると多くのお題コーナーに止まれるのでよいでしょう）

③人数分のコマになるもの（市販のものや消しゴム、おはじきなど）

④〈お題シート〉（p.133をこのまま使ってもいいですがコピーしておくと扱いやすいでしょう）

⑤〈表情シート〉2枚（p.133をB5またはA4くらいに拡大コピーしておきます）

4つの表情イラストを切り離さず1枚のシートしておきます（表情シートA）。もう1枚は表情イラストを4つに切り離してカード状にしておきます（表情シートB）。（これらの表情にあてはまる写真でも代用可。どちらもラミネートをかけておくとよいでしょう）

進め方〈基本編〉

●進め方の説明

「これから、すごろくをします。このすごろくは小学生のある一日、朝から夜までのお話になっています。一日の中でいろいろなことが起こり、その時々にその子はいろいろな気もちになります。お題コーナーに止まったときは、お題を先生が読みます。そこにはその時の気もちが書いてあるので、その気もちを顔で表してみましょう。審判役の人（先生）から、『OK』をもらったら1マス進むことができます。」などと説明します。

●表情の確認

「『OK』をもらえるように、始めに気もちを顔で表す練習をしてみましょう」といって表情シートA（または写真）を見せながら、表情の確認をしておきます。この時に顔のパーツの特徴（例えば、眉の上下や目の開き方など）を伝えてもよいでしょう。特に「かなしい・さびしい」と「こまっている・あせっている」の違いは少し難しいかもしれません。「かなしい・さびしい」は目線が下向きになる、「こまっている・あせっている」は眉間にしわがよるなどと伝えながら、鏡を使いながら確認してもいいでしょう。

●すごろく開始

順番を決め、サイコロを振り、コマを進めます。止まったところがお題コーナーだったら番号に対応するお題を指導者が読みます。そしてその時の気もちにあてはまる表情シートBをそのマスに止まった子どもに渡し、その表情をしてもらいます（表情シートがなくても表情が作れそうなら渡さなくてもいいです）。基本的には「OK」の判断を出し、1マス進めるようにします。複数でやる場合、同じお題コーナーに何人もが止まり同じ表情が

続いてしまうようでしたら、お題シートに複数の気もちがあるコーナー（②④⑦⑧⑨⑩⑪⑬⑭⑯⑲）では別の気もちのお題にしてください。

例　②「デザートがヨーグルトだ」に続けて二人の子が止まった場合：一人目の子にはＡ（うれしい・たのしい）を渡し、二人目の子にはＣ（いやなきもち）を渡す。また、進めている途中、「すごろくの子はうれしいらしいけど、Ａさんはどんな気もちになる？」などと聞いてもよいでしょう。

誰かがゴールしたら、またはみんながゴールしたら終わります。

＊解説のページに応用編の遊び方がありますので、参考にしてください。

〈表情シート〉

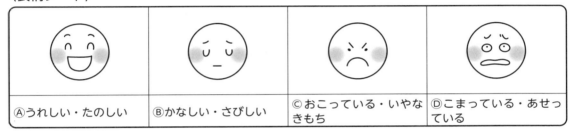

| Ⓐうれしい・たのしい | Ⓑかなしい・さびしい | Ⓒおこっている・いやなきもち | Ⓓこまっている・あせっている |

〈お題シート〉

①	朝起きた。眠いなーもっと寝ていたいや…	Ⓒいやなきもち
②	朝ご飯は…デザートはヨーグルトだ！	Ⓐうれしい　Ⓒいやなきもち
③	ペットの元気がない。お母さんが病院に連れて行くんだって	Ⓑかなしい（しんぱい）
④	時間割を見たら、５時間目の体育はドッジボールだ！	Ⓐうれしい（たのしみ）　Ⓒいやなきもち
⑤	友だちが迎えに来た！　まずい、早く着替えなきゃ！	Ⓓあせっている
⑥	ちょっと待たせちゃった、急いで走って、間に合った！	Ⓐうれしい（よかった、あんしん）
⑦	今日、日直だった！　朝のスピーチしないといけない！	Ⓒいやなきもち　Ⓓあせっている
⑧	国語の漢字練習だー	Ⓒいやなきもち　Ⓐうれしい
⑨	外国語のダンス、ヘイヘイヘイ	Ⓐたのしい　Ⓒいやなきもち
⑩	休み時間だ、委員会の話し合いだ	Ⓐうれしい　Ⓒいやなきもち
⑪	図工の工作で、何度やっても針金がうまくとまらない、あー！！	Ⓒおこっている　Ⓓこまっている
⑫	針金を止めるのを友だちがやってくれた！	Ⓐうれしい（よかった・ありがとう）
⑬	今日の給食、ひじきの煮物だ…	Ⓒいやなきもち　Ⓐうれしい
⑭	給食を片付けていたら、みんなどこかに遊びに行っちゃった…	Ⓑさびしい　Ⓒおこっている
⑮	そうじの時、学校に来たお客さんに、「きれいにしてえらいですね」と言われた	Ⓐうれしい
⑯	急に雨が降ってきた、体育は体育館でマットだって…	Ⓑかなしい（ざんねん）　Ⓐうれしい
⑰	家に帰ったらジョンは薬をもらって大丈夫だって	Ⓐうれしい（よかった・あんしん）
⑱	友だちとの通信ゲームで欲しかったキャラがゲットできた！	Ⓐうれしい
⑲	あれ、おばあちゃんにもらった大切なカードがみつからない	Ⓓあせっている　Ⓑかなしい
⑳	ふかふかの布団に入ってお休みなさーい	Ⓐうれしい

62 ちょうどよくあやまろう「ごめんなさいゲーム」

だれでも失敗したり、まちがえることはあります。そんなときはまず、あやまることが大切です。そのまちがいは、わざとではないときもあるかもしれません。でも、まずあやまって、そのあと説明しましょう。

- あやまるときは、相手のほうを向き、顔を見て、早口ではなくていねいに「ごめんなさい」「すみませんでした」「申し訳ありません」と言いましょう。
- そして「あやまる」と一口に言っても、その状況によって、ちょうどいいあやまり方があります。

ちょっとしたことに何度も何度もあやまられても相手は「？」と思います。逆に相手にとても迷惑をかけたのに、さらっと「ごめーん」ではいい気もちはしません。
「ごめんなさいゲーム」で場面に合わせた言い方（声のニュアンス）を体験してみましょう。

ごめんなさいゲーム（人数3人〜）

① まず、みんなで、レベル1〜3までのあやまり方を練習してみましょう。

どんな風に言い分けたらいいか、みんなでアイデアを出してみましょう。

	レベル1 (すこしだけごめんなさい)	レベル2 (1と2のあいだ)	レベル3 (とてもごめんなさい)
ことば			
体			

② さあゲーム開始です。お題カード（p.190を切りはなしたもの）を1人1枚受け取ります。
　＊他の人に見られないよう注意しましょう。シチュエーションとレベルにあった言い方を考えましょう。

③ 順番に、お題カードのシチュエーションに合わせたおわびの言葉を、ジェスチャーもつけて言います。

その他の人はそれが1〜3のどのレベルか指で1〜3を示す、1〜3を書いた解答棒を出すなどしてあてます。

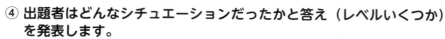

④ 出題者はどんなシチュエーションだったかと答え（レベルいくつか）を発表します。

- やってみた感想やこれから気をつけたいことを書いてみましょう。

63 いろいろなありがとうの伝え方「ありがとうゲーム」

　人は何かをしてもらったとき、感謝の気もちを「ありがとう」という言葉で伝えます。してもらった内容によって「ありがとう」を変化させると、よりよいコミュニケーションになります。ジェスチャーや「ありがとう」の前後に言葉を加えてもよいですし、「ありがとう」という言葉自体を変えてもいいときもあります。「ありがとうゲーム」で場面に合わせた言い方（声のニュアンス）を体験してみましょう。

ありがとうゲーム（人数3人〜）

① まず、みんなで、レベル１〜３までの「ありがとう」を練習してみましょう。

　どんな風に言い分けたらいいかみんなでアイデアを出してみましょう。

	レベル１ （すこしだけありがとう）	レベル２ （１と２のあいだ）	レベル３ （とてもありがとう）
ことば			
体			

（レベル３のイラストの吹き出し：ありがとうございます）

② さあゲーム開始です。お題カード（p.191を切りはなしたもの）を１人１枚受け取ります。
　＊他の人に見られないよう注意しましょう。シチュエーションとレベルにあった言い方を考えましょう。

③ 順番に、お題カードのシチュエーションに合わせた感謝の言葉を、ジェスチャーもつけて言います。

　その他の人はそれが１〜３のどのレベルか指で１〜３を示す、１〜３を書いた解答棒を出すなどしてあてます。

④ 出題者はどんなシチュエーションだったかと答え（レベルいくつか）を発表します。

●やってみた感想やこれから気をつけたいことを書いてみましょう。

64 相手に伝わるようにノーと言おう①

相手からのお願いごとや誘いを断るときには、言葉だけではなく、表情や声の調子も使って自分の気もちを表現することも大切です。状況や相手の性格も考えた断り方を、じっさいに演じてみながら経験してみましょう。

〈場面1〉

数学の授業中に先生が「今日の宿題、少し難しいけど、自分の力でがんばってみよう。難しかったらできる問題だけでもいいよ。」と言いながらプリントを配りました。休み時間になると、BさんがAさんの所へ来て「Aさん、今日の宿題、ぼくには難しそうだから、Aさんが終わったら、ぼくにも答えを写させて〜。お願い！」と言ってきました。Bさんはしょっちゅうこんなことを言ってくるので、今日はAさんは、宿題を見せたくありません。

❶ この後、Aさんはどんな言葉で断ったらいいでしょう。

❷ 断るとき、どんな表情や声の調子がいいか、相談しましょう。

❸ ❶❷で考えたことをもとにロールプレイをしてみましょう。Bさん役には、Aさんの断りたい気もちがどのぐらい伝わったでしょうか。Bさん役をやった人に聞いてみましょう。

伝わった度　　　％

〈場面2〉

学校の休み時間、Aさんが教室で本を読もうとしていると、Bさんがやってきて「外でドッジボールしよう。めっちゃいい天気だよ」と元気に誘ってきました。普段のAさんはドッジボールも好きですが、この日は少し風邪気味だったので、教室の中で過ごしたいと思っていました。

❶ この後、Aさんはどんな言葉で断ったらいいでしょう。

❷ 断るとき、どんな表情や声の調子がいいか、相談しましょう。

❸ ①②で考えたことをもとにロールプレイをしてみましょう。Bさん役には、Aさんの断りたい気もちがどのぐらい伝わったでしょうか。Bさん役をやった人に聞いてみましょう。

● 断ることをやってみた感想をみんなで話してみましょう。

伝わった度　　　％

65 相手に伝わるようにノーと言おう②

相手からのお願い事や誘いを断るときには、言葉だけではなく、表情や声の調子も使って自分の気もちを表現することも大切です。状況や相手の性格も考えた断り方を、じっさいに演じてみながら経験してみましょう。

〈場面１〉

AさんとBさんは二人とも図書委員会のメンバーです。ある日、Bさんが「今度の金曜日の放課後、先生が本の整理を手伝ってくれる子を探してるんだって。Aさんいっしょに行かない？」と聞いてきました。図書室での仕事はとてもやってみたいのですが、金曜日の放課後、Aさんは塾があり、授業が終わったらすぐに帰らないと間に合いません。

❶ この後、Aさんはどんな言葉で断ったらいいでしょう。

❷ 断るとき、どんな表情や声の調子がいいか、相談しましょう。
❸ ❶❷で考えたことをもとにロールプレイをしてみましょう。Bさん役には、Aさんの断りたい気もちがどのくらい伝わったでしょうか。Bさん役をやった人に聞いてみましょう。

伝わった度　　　　％

〈場面２〉

AさんはBさんと一緒に学校から帰っていました。Bさんがふと「実はぼく、今日お金持ってるんだよね」と言って、ポケットに入れていた500円玉を取り出し「おごってあげるから、コンビニでアイス買おうよ」とAさんに言いました。Aさんは、下校中に買い物をしないようにとお母さんや先生に言われています。

❶ この後、Aさんはどんな言葉で断ったらいいでしょう。

❷ 断るとき、どんな表情や声の調子がいいか、相談しましょう。
❸ ❶❷で考えたことをもとにロールプレイをしてみましょう。Bさん役には、Aさんの断りたい気もちがどのくらい伝わったでしょうか。Bさん役をやった人に聞いてみましょう。
● 断ることをやってみた感想をみんなで話してみましょう。

伝わった度　　　　％

66 聞きとりやすい話し方① 声の大きさについて

　自分の考えや気もちを相手にわかってもらうためには、聞き取りやすい話し方をすることが大切です。せっかく話しても相手に聞いてもらえなければ残念ですよね。聞き取りやすい話し方を「声の大きさ」「はやさ」「めいりょうさ」の3つのポイントで意識してみましょう。まずは 声の大きさ です。

● (　　　) にあてはまる言葉を下のヒントから選び、(ア)～(カ) を書きましょう。
　①人と話すときは (　　　) 話すことが大切です。
　②電車の中や図書館などでは (　　　) 話しましょう。
　③グループ活動などで近くの人と話すときは (　　　) 話しましょう。
　④校庭などで遠くの人と話すときは (　　　) 話しましょう。

〈ヒント〉
(ア) どんなときも大きな声で　　(イ) どんなときも小さな声で
(ウ) ささやくような声で　　(エ) その場面や、相手とどのくらい近いかを考えた大きさで
(オ) 相手に聞こえるように大きな声で　　(カ) 大きすぎないようにでも聞こえるように

チャレンジ1　部屋の端まで聞こえる大きさで話してみよう

①2人一組になって、それぞれ教室のできるだけ離れたところに立ちましょう。
②1人（話す人）が大人からもらったお題カードの言葉を大きな声で言います。
③もう一人（聞く人）は何と言っていたのかを聞き取ります。ちゃんと聞きとれたら成功！　役割を変えて、もう1回やってみよう。

部屋の端まで聞こえました！　聞く人からのサイン

チャレンジ2　ひそひそ声で話してみよう

①2人一組になって、机をはさんで向かい合わせに座ります。
②1人（話す人）が大人からもらったお題カードの言葉を、もう1人（聞く人）に小さな声で言います。
③審判役の人に聞かれずに、聞きとれたら、成功！　役割を変えてもう1回やってみよう。

小さい声で話せていました！　審判役からのサイン

67 聞きとりやすい話し方② 速さについて

　自分の考えや気もちを相手にわかってもらうためには、聞き取りやすい話し方をすることが大切です。せっかく話しても相手に聞いてもらえなければ残念ですよね。聞き取りやすい話し方を「声の大きさ」「はやさ」「めいりょうさ」の3つのポイントで意識してみましょう。つぎは 話し方の速さ です。

● (　　　　　) にあてはまる言葉を下のヒントから選び、（ア）〜（ク）を書きましょう。

　人と話すときは ①(　　　　　) 話すことが大切です。

　そのためには、自分の話が相手に届いているか確認するために② (　　　　　) を見て、

③ (　　　　　) とか④ (　　　　　) を確認するといいでしょう。

〈ヒント〉

（ア）できるだけ早く	（イ）早口にならないように	（ウ）上を見たり
（エ）相手の顔	（オ）下を見たり	（カ）目をつぶっているか
（キ）うなずいてくれているか	（ク）自分のほうを見てくれているか	

チャレンジ　名アナウンサーになろう

　NHKのルールによると、1分間に300文字を読むことがアナウンサー理想の速さだそうです。300文字の原稿（p.140）でアナウンサーに挑戦しましょう。

①タイマーなどを見ながら、どのくらいの速さで読むと何秒くらいかかるかを経験します。

②時間はほかの人や大人に測ってもらいます。タイマーを見ないで！　自分の感覚で1分で300文字が読めるかチャレンジします。

③読み終わったら、かかった時間をタイマーを持っていた人に教えてもらい書きましょう。

　　※タイマーはストップウォッチでもよいです

●1回目　｜記録　　　　　　秒｜

※10秒以上ずれてしまったら、もう一度挑戦してみましょう。

●2回目　｜記録　　　　　　秒｜

●3回目　｜記録　　　　　　秒｜

NEWS

普段の話し方もこの速さを意識してみましょう。

「名アナウンサーになろう」（300文字原稿）

この前の日曜日、地区センターでやっていた、世界のカレーフェアというイベントに友だちと行ってきました。ぼくはカレーが大好きなので、とても楽しみにしていました。友だちはラーメンの方がいいなと言いながらも、行く途中にスキップしていたので、うれしかったはずです。

さて　会場につくとたくさんの人があふれていました。はじめに3枚600円のチケットを買って、好きなお店でカレーを注文することができます。インドだけではなくスリランカ、ミャンマー、カンボジア、インドネシア、ネパール、イギリスと本当にいろんな国のカレーがあって悩みましたが、3つ選んで食べました。

68 聞きとりやすい話し方③ 明瞭さについて

　自分の考えや気もちを相手にわかってもらうためには、聞き取りやすい話し方をすることが大切です。せっかく話しても相手に聞いてもらえなければ残念ですよね。聞き取りやすい話し方を「声の大きさ」「はやさ」「めいりょうさ」の3つのポイントで意識してみましょう。
　さいごは話し方の 明瞭さ です。

●（　　　）にあてはまる言葉を下のヒントから選び、（ア）〜（キ）を書きましょう。

　めいりょうに話すとは①（　　　　　）ということです。かつぜつがよい、とも言います。ふだん、「え？　なんて言ったの？」と言われる人は少し気をつけるようにしましょう。
　めいりょうに話すためには②（　　　　　）ことや③（　　　　　）ことを意識するといいでしょう。
　また、④（　　　　　）をするのもいい練習になります。

〈ヒント〉

（ア）早口で話す	（イ）ゆっくりと話す	（ウ）ハキハキと話す
（エ）ていねいな言葉で話す	（オ）口を大きく開ける	（カ）口をあまりあけない
（キ）筋トレ	（ク）早口言葉など口の体そう	

チャレンジ　聞き取りやすくハキハキ話そう　早口言葉に挑戦

①下の早口言葉をそれぞれ3回ずつ言ってみよう。

- 右耳にミニニキビ
  （みぎみみに　ミニニキビ）

- 地図帳でチェジュ島さがし
  （ちずちょうで　チェジュとうさがし）

- ブラジル人のミラクルビラ配り
  （ブラジルじんの　ミラクルビラくばり）

- 赤炙りカルビ　青炙りカルビ　黄炙りカルビ
  （あかあぶりカルビ　あおあぶりカブリ　きあぶりカルビ）

- 骨粗鬆症訴訟勝訴
  （こつそしょうしょう　そしょうしょうそ）

②1つを選んでみんなの前で披露してみよう。

69 ことば以外の情報の意味

（　　）の中のあてはまるほうを〇でかこんだり、下の〈ヒント〉からことばを選んで書き入れましょう。

● AとBを見くらべてみましょう。

セリフは同じですが、「悪いんだけど、手伝ってほしい」という気もちが、より伝わるのは①（ A ・ B ）です。

このように、体の動きやポーズを使った表現は、ことばといっしょに使うことで、伝えたい気もちを②（　　　　　　）したり、③（　　　　　　　）したりすることができます。

● 次に、Cを見ましょう。

これは、サッカーの試合中に、チームメイトが④（　　　　　）をしている場面で、作戦の⑤（　　　　　　）を仲間に⑥（すばやく・ゆっくりと）伝えるためのコミュニケーションを表しています。

このように、ことば以外の表現を理解したり、使ったりすることは、お互いのコミュニケーションをスムーズにするのに、役立つことがあります。

〈ヒント〉　強調　アイコンタクト（目と目を合わせること）　補足（つけたすこと）　意図（考え）

> **まとめ**
> - ことば以外の情報の意味を理解するために、相手の様子を見て、コミュニケーションをとってみましょう。
> - ことば以外の情報は、瞬間的にキャッチしなければならなかったり、あいまいだったりして、よくわからないことも多いかもしれません。必要な時は、相手に「〜ということですか？」と確認してみるものいいでしょう。

70 こんなときのサインの意味は？

次のような場面で相手が言いたいことはどんなことでしょう。

場面	相手が言いたいこと
①新しく発売されたおかしを友だちにすすめると「い〜よ〜」と言って顔の前で手をひらひらされた。	友だちは と言いたい。
②授業の間の休み時間に、先生と昨日のプロ野球の試合のことを話していると先生は時計のほうをちらちら見ている。	先生は と言いたい。
③乗っていた電車が駅に着いたので、ドアがあいたとき、ドアのそばに立っていたら後ろに立っていた男の人が自分のすぐ後ろで大きな咳払いをした。	男の人は と言いたい。
④授業参観のとき、お母さんのほうをふり返ると、お母さんはぼくと黒板を交互に見て口を動かしている。	お母さんは と言いたい。
⑤図書館で本を読みながらジュースを飲んでいると向かいに座っていた女の人がじーっとこちらを見ている。	女の人は と言いたい。

71 視線で相手に情報を伝えたり、相手の意図を判断することが練習できるゲーム
（①トランプのA、J、Q、Rみつけ／②ペア神経衰弱）

　ことばを使わずに、相手に伝える練習ができるゲームです。目くばせやちょっとした動きで、自分の知っていることを仲間に伝えます。子どもたちにとってなじみのあるトランプを使う遊びを2つ紹介します。

❶ 目くばせで伝えよう（トランプのA、J、Q、Kみつけ）

準 備

① ペアでやる遊びです。
② 同じマーク（例えば、すべてスペード）の1～13までの13枚のトランプを用意します。
③ 4×3＋1のマスが書かれた紙。
④ 大人が13枚のカードを表（数字やマークが見える状態）で4×3＋1枚並べます。

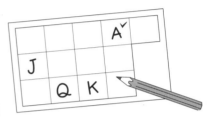

遊び方

① 「伝える係」がA、J、Q、Kの場所を見て、A、J、Q、Kをマスに書き込む。書き込み終わったらすべてのカードを裏（数字やマークが見えない状態）にします。このとき「あてる係」はトランプが見えない場所で待ちます。
② 準備ができたら「伝える係」が「あてる係」に、「A（エース）の場所を伝えます」などと言ったあとは、何も言わずに目くばせでカードの場所を教えます（A、J、Q、Kのどれか）。
③ 「あてる係」は「伝える係」の目くばせだけを頼りに1枚カードをめくります。
④ あたってもはずれても、カードはその場に裏にしてもどします。
⑤ あたった場合は、「伝える係」が自分のメモの該当箇所にしるしをする。
⑥ 4枚すべてあてたら終了（または、制限時間やめくるの回数の上限を決めておきます）。

＊目の動きをあらかじめ決めておいてもよいです。
　合っているとき→まばたき1回　ちがっているとき→まばたき2回など
＊伝える係がしてはいけないこと→声を出す、カードを指さす、うなずく、首をふる
＊いくつかのペアを作り、それぞれのペアで、かかった秒数を競ってもよいでしょう

❷ 目くばせで伝えよう（ペア神経衰弱）

準備

①ペアを2組以上作ります。
②神経衰弱のルールで遊びます。

遊び方（Aペア、Bペア、Cペアが対戦の場合）

①A（1人目）→B（1人目）→C（1人目）→A（2人目）…
　という順番でめくっていきます。
②自分たちの順番になったら、必ず1回はペアの人同士で視線を合わせるようにします。お互いに知っていることを声を出さずに、目くばせや、ちょっとした動きで伝えていきます。また、めくる人もペアの人に声は出さずにたずねることができます。
＊ちょっとした動きの例）肩をすくめる、首をかしげる、うなずく、首をふる、親指をあげる

〈教えあう場面の例〉
　Aの2人目の子が「4」を引いたが、もうひとつの「4」の場所がわからない。
　→1人目の子に向けて「4はどこ？」といった動き（肩をすくめる）をする。
　→1人目の子は「4」の場所を知っていたので、目くばせ（視線の誘導）や動き（うなずき、首ふりなど）で「4」の場所を示す。もし「4」の場所を知らなかったら首をふるなどして、知らないことを伝えます。

③自分たちの順番になったら、10秒内にカードを引きます。
　＊10秒の計測や判断は大人がします。
④うっかり声を出したり、10秒をこえた場合のペナルティをあらかじめ決めておきます。
　（例えば、1回休み、持っているカードを1枚没収など）

〈伝える係がしてはいけないこと〉
　声を出す、カードを指さす、カードのある位置の方向を腕で表す
＊めくる順番の子どもが、ペアの子どもに聞かなくても答えがわかるときも、一度は視線を合わせるようにします。
＊教えてもらって正解できた場合は、2倍の得点にするなど、協力してやるのが苦手な子どもにも、視線を合わせる動機になるでしょう。

72 インターネットの基礎知識（メリットとデメリット）

今は、インターネットが発達し、ほとんどの人がスマホを持つようになりました。インターネットを使って個人でもいろいろな情報を発信することができるようになり、世界中の情報もすぐに手に入ります。しかし、インターネットの基本的なルールやマナー、メリットとデメリット（よい点とわるい点）を知らないままでいると、うまく活用できなかったり、トラブルに巻き込まれる可能性もあります。

❶インターネットのメリット（よい点）には、以下のようなことがあります。
・自分と同じ趣味や考えの人と交流できる　・気軽に楽しめる　・最新情報が得られる
・動画や写真、作品を見たり、見せたりできる　・時間がつぶせる
・海外の情報にもアクセスできる　・どこにいても買い物やコミュニケーションができる

●上のこと以外に、あなたが考えるインターネットのメリットがあったら書いてみましょう。
　ほかの人の意見をメモしてもよいでしょう。

❷インターネットのデメリット（わるい点）には、以下のようなことがあります。
・スマホやパソコンを手放せなくなる可能性がある
・情報がうそか本当か判断するのが難しい　・時間があっという間に過ぎてしまう
・個人情報がもれる可能性がある　・つながった人が本当に「いい人」なのかわからない
・詐欺や闇バイトの被害にあう可能性がある　・「炎上」や「誹ぼう中傷」などのトラブルに巻き込まれる可能性がある

※「炎上」：ネットの大勢の人から攻撃されること。
　「誹ぼう中傷」：事実ではないことについて、相手を傷つけることばをいう

●上のこと以外に、あなたが考えるインターネットのデメリットがあったら書いてみましょう。
　ほかの人の意見をメモしてもよいでしょう。

まとめ

73 チャットアプリのコミュニケーションマナー

インターネットを用いたコミュニケーションの代表的なものに、チャットアプリがあります。チャットアプリを通じて他者とコミュニケーションを取る上では、チャットアプリでのコミュニケーションマナーを意識することがとても大切です。これらは対面でのコミュニケーションと共通するものもありますが、チャットアプリならではのものもあり、またはっきりとした正解のないものもあります。このワークでは、チャットアプリでのコミュニケーションマナーについていっしょに考えてみましょう。

● 対面のコミュニケーションで大切なマナーには以下のようなものがあります。
　・相手の表情や声の調子などに注意を払う　・一方的に話し続けない
　・声の大きさや調子に気をつける　・相手の状況を見て話しかける
　・相手に応じて話題を選ぶ　・言葉づかいに気をつける

❶ チャットアプリのコミュニケーションで大切なマナーは以下のようなことです。なぜ大切なのか、みんなで考えたことをメモしてみましょう。

チャットアプリでのマナー	大切な理由
①１つの投稿が長くなりすぎないようにする	
②スタンプや顔文字は適度に使用する	
③投稿する時間帯を考える	
④投稿する前に文章を見直す	
⑤電話（通話）の場合、いきなりはしない（緊急時をのぞく）	

❷ 一緒にワークをしている人と考えたことを紹介しあってみましょう。
　対面でのコミュニケーション、チャットアプリのコミュニケーションでどちらにも共通して大切なマナーにはどんなものがあるでしょうか。

❸チャットアプリのコミュニケーションマナーについて考えてみましょう。あてはまるものに〇をし、そう思った理由を書いてみましょう。
　理由が思いつかないときは、ほかの人の意見を聞いてから書いてもよいです。

			そう思った理由
①	返事のないメッセージに対して、続けてメッセージを送る	良い・悪い・どちらとも言えない	
②	昼間のやり取りの続きを、夜11時ごろにメッセージで送る	良い・悪い・どちらとも言えない	
③	相手へのお礼をスタンプだけで返信する	良い・悪い・どちらとも言えない	
④	メッセージをもらったら家族と食事中でもすぐに返信する	良い・悪い・どちらとも言えない	
⑤	相手のメッセージの内容がよくわからなかったのでいきなり通話機能を使う	良い・悪い・どちらとも言えない	
⑥	クラスメイトが家族とふざけている写真を個別のメッセージで送ってもらったので、クラスのグループチャットに勝手に送信する	良い・悪い・どちらとも言えない	

●感想（今後にいかせそうだと思ったことなど）

まとめ

148

74 グループチャットで 誤解されちゃった…

　Aさんは学校の友だちと4人で（Aさん、Bさん、Cさん、Dさん）とグループチャットをするのが好きです。今日も「水泳部の先輩でかっこいい人いるね！」「明日の宿題終わった？」と楽しく会話をしていました。そのながれで、Aさんは「見て。これ、Bちゃんにもらったキーホルダーだよ」と、写真を投稿しました。そして続けて「かわいくない！」と投稿しました。Aさんはそのキーホルダーをもらってとてもうれしかったのです。

　Aさんが写真とメッセージを送った後、なぜかそのグループチャットにはだれも投稿しませんでした。Aさんは、なにかまずいことを送ってしまったかなと不安になりました。

質問1　Aさんのあと、だれもメッセージを投稿しなかったのはどんな理由だと思いますか。

質問2　チャットアプリやSNSでは、あなたの表情や仕草は相手には見えません。声の調子で気もちを伝えることもできません。「かわいくない」という文字だけでは、字の通り「かわいくない」という意味なのか、「かわいくない？　かわいいよね!!」という意味なのかがわかりにくいのです。Aさんの投稿した言葉を変えるとしたら、どのように変えますか？

「見て。これ、Bちゃんにもらったキーホルダーだよ」「かわいくない！」

質問3　文字だけだと誤解されやすい、つぎの言葉を誤解されない言い方にしてみましょう。絵文字などをそえてもよいでしょう。

「あのアニメおもしろくない」 （おもしろいという意味にするには）	
私たち友だちじゃない （友だちだよねという意味にするには）	

まとめ

149

75 実際には会ったことのない友だちに…

次の文を読んで、考えてみましょう。

　AさんとB子さんは同じ小学校でしたが、中学校からは別の学校になったので、何か月も直接は会っていません。でもチャットアプリでのやりとりは続けています。

　1か月くらい前、AさんはB子さんの紹介で、C子さんともSNS上の友だちになりました。アニメやマンガ、アイドルのことで気が合ったので、メッセージアプリでのC子さんとのやりとりは、とても楽しいものでした。でもまだC子さんに直接会ったことはありません。

　ある日、とつぜんC子さんから「Aさんってどんな顔？　写真を送ってよ」と言われました。

質問1　AさんはCさんに写真を送ったほうがいいでしょうか？　あなたの考えと近いものに○をしましょう。

- ・早く送ったほうがいい
- ・直接会ったあとなら送ってもよい
- ・相手が男の人ならだめだけど、女子同士だからよい
- ・顔写真を送るのはどんなときでもだめ

質問2　あなたがやったことのあるものに○をしましょう。どんな写真だったかほかの人と話してみましょう。

	①	スマホで写真を撮る
	②	インターネットで見つけた写真を、スマホやパソコンにダウンロードする
	③	メールやチャットアプリで、個人に写真を送る
	④	グループチャットに写真をのせる（複数の人に見せるために）
	⑤	③または④の質問に○をした人は、そのときの写真は、自分の顔が映っているものだった
	⑥	③または④の質問に○をした人は、そのときの写真は、特定の人たちにしか見せたくないものだった

●インターネットやメール、SNSで写真をあつかうときにはどんなことに気をつけたほうがよいか、みんなで話してみましょう。そして大事だと思ったことを書きとめてみましょう。

76 既読無視して絶交された

次の文を読んで、考えてみましょう。

　ある日の夕方４時ごろ、Ａさんのスマホに、同じ部活のＢさんからメッセージがありました。
　「あ、Ｂさんからだ。」Ａさんは Ｂさんからのメッセージをすぐに見ました。
　そこには、Ｂさんから部活についての質問が書いてありましたが、「そんなに急いで返さなくてもいいか～」と、Ａさんはおやつを食べたりしていました。そして１時間後には塾にも行きました。夜の９時ごろ、塾の後にスマホを見ると「既読無視（既読スルー）するようなＡさんとはもう絶交する！」とＢさんからのメッセージが届いていました。Ａさんはおどろいてしまいました。

質問１　既読無視をしてしまったこと、または「既読無視された」とだれかに対して腹が立ったことはありますか。自分の経験を話し合ってみましょう。

質問２　あなたにはＡさんのようなこと（すぐにメッセージを返さない）や、Ｂさんのような（すぐに返してもらえないとイライラする）がありますか。どちらかを選び、理由を書きましょう。

		そうする（そうなる）理由
メッセージへの返事	すぐする・すぐにはしない	
すぐに返事がもらえないとき	イライラする・イライラしない	

質問３　今回のようなトラブルにならないためにＡさんのすべきだったこと、Ｂさんのすべきだったことを書いてみましょう。

Ａさんがすべきだったこと	
Ｂさんがすべきだったこと	

まとめ

77 しつこくすると、どうなるのかな

次の文を読んで、考えてみましょう。

　Aさんは、Bさんがだいすきです。

　いつもいっしょにあそびたいとおもっています。

　休み時間、自分の席で本を読んでいたBさんのかたを、A さんはうしろからちょんちょんとつつきました。「えっ？ なに？」Bさんはふりむきました。「ううん、なんでもないよ」

　すこしすると、またAさんは、Bさんのかたをちょんちょん。

「なに？」「なんでもない」「やめて」　またまたしばらくすると、ちょんちょん。

「もう！　Aさん、しつこいよ！」とBさんはいいました。

❶Aさんは、なぜBさんのかたをちょんちょんとしたのでしょうか？

　・Bさんとたのしくあそびたかった　　　・Bさんをおこらせたかった

❷3かい、かたをちょんちょんとされたBさんのきもちは？

　・うれしい　　　・かなしい　　　・はずかしい　　　・おこっている

❸「しつこい」とはどういうことでしょうか

❹しつこくされることは人は

　・うれしい　　　・いや

●話してみよう

　・だれかに「しつこいよ」と言われてしまったことはありますか。

　・だれかから、しつこくされたことがありますか。

まとめ

78 相手に話しかけるコツとは

話したい相手が他の人と話をしているときや、夢中で何かをしているときは、あなたの話を聞くことはむずかしいでしょう。そんなときに、うまく相手と話すには、コツがあります。このワークでは、そのコツをいくつか学んでみましょう。

● Aさんの場合

> Aさんは、「今日はBさんといっしょに帰りたいな」と思いました。その約束をしようと、AさんはBさんに近づきました。しかし、Bさんは他の人たちと何かについて夢中で話していて、なかなかAさんが話しかけるタイミングがありません。しかたなく、AさんはBさんたちの後ろのほうに立って待つことにしました。
> しばらくそうして立っていましたが、なかなかBさんたちの話は終わりません。そこで、「あ、あの…あのさ…」と言いますが、ゲームの話で盛り上がっていてAさんの声はBさんたちに届いていないようでした。
> 怒ったAさんは「もう！　なんでぼくの話を聞いてくれないんだよ！」とどなってその場を離れました。Bさんたちはびっくりしてしまいました。

● Aさんの行動で、違うやり方がよかったところはどこでしょう。色えんぴつなどで下線を引いてみましょう。どうすればよかったか、気づいたことがあれば書いてみましょう。

[   ]

まとめ （〈ヒント〉のことばを入れてみましょう）

・だれかに話しかけたくても、①（　　　　　　　）ときや②（　　　　　　　）ときなどは、話しかけるのを待ったほうがよいかもしれません。

・話しかけるときは、③（　　　　　　　　　）をはっきり言うとよいでしょう。

・その上で、「今、話せる？」「〇〇のことなんだけど」と、会話の④（　　　　　　　）になることばも使いましょう。

・話しかけるときは、後ろからではなく、相手の⑤（　　　　　　　　　）から声をかけてみましょう。

・「ごめん、ちょっと待っていて」「これが終わったらでもいい？」と言われることもあります。そのときには、「わかった。また〇分後に話すね」といったんその場を離れましょう。

〈ヒント〉　　前のほう　きっかけ　いそがしそうな　他の人と話している　相手の名前

79 カルタづくりのときに

次の文を読んで、考えてみましょう。

　Aさんは、とても明るく元気な子です。あるとき授業で、みんなで協力してかるたをつくることになりました。

　役割が決まってみんなが札に絵をかいたり色をぬったりしています。Aさんのうしろのほうで、BさんがCさんに話しかけています。

　Bさん　「小さなスペースに書くのってむずかしい〜」

　Cさん　「それ、海水浴の絵でしょ。うまく書けてると思うよ」

　Bさん　「サンキュー。Cさんはなんの字の札を書いてるの?」

　Cさん　「"や" の札をやってるんだ。山登りの絵にしようと思うんだ
　　　　　けど、ここの空いたところには何をかくといいと思う?」

　"山登り" ということばにピンときたAさん、くるっとふたりのほうを向いて、「いいじゃん、山登り!　ぼく、夏休みに山に登ったんだよ。そのときさ、虹が見えたよ。だから、そういうのを書けばいいんじゃない?」と、突然、話に入ってきました。

❶もしあなたがBさんやCさんだったら、急に話に入ってきたAさんにどんなことを思うでしょう。〇をしましょう（いくつでも）。

①	虹はたしかにいいアイデアかもしれないな
②	Aさんには聞いてないんだけどな
③	ほかの人の作品まで気にするなんて、Aさんはやさしいな
④	自分のことはやってるの?
⑤	授業中、うしろを向かないほうがいいよ。
⑥	急になに?　びっくりした〜
⑦	

❷Aさんは、Cさんに伝えたいアイデアがあったようです。どう伝えればよかったですか?　〇をしましょう。選ばなかったものがあれば、その理由をほかの人に伝えてみましょう。

①	BさんとCさんのやりとりが終わってから話す
②	「アイデアを思いついたんだけど、話していい?」と前置きしてから話す
③	今は聞かれていないから、もし聞かれたらそのときに言う
④	聞かれないかもしれないし、忘れちゃうかもしれないから思いついたらどんどん話す
⑤	

まとめ

80 急に会話に入らないで

⑰や⑱で学んだ通り、人に話しかけるときにはいきなり話しかけるのではなく、相手の様子を見なければいけません。

このワークでは、「いきなり話しかけてくる人」と「会話に入ってこられてしまった人」両方の役割をロールプレイ（短い劇）で経験してみましょう。そして、そこで気づいたことを普段の会話にもいかしてみましょう。

このワークの流れ

その場にいる人全員が、1回はAさん（またはBさん）とCさん、両方の役を演じます（3人以上が必要です）。

ロールプレイ①

AさんとBさんがしりとりをしているところに、Cさんが加わろうとする場面です。

●あなたがAさん（またはBさん）役をやったとき、急に会話（しりとり）に入られてどんな気もちになりましたか。自分が感じたことに〇をしましょう（いくつでも）

	①	急に声がしたのでおどろいた。
	②	Cさんも入れて3人でやったら楽しいかもしれない。
	③	Cさんにしりとりをじゃまされてめいわく、いやだな。
	④	しりとりがどこまでつづいていたか、わからなくなった。
	⑤	Cさんは勝手な人だな。
	⑥	

●考えてみよう

どうしたらCさんがうまくAさんに話しかけられるか考えてみましょう。（ワーク⑱のまとめも参考にしましょう）

ロールプレイ②

　ロールプレイ①の内容をまたやってみます。そのときに、Ｃさん役の人は「考えてみよう」で、出たやり方でＡさんに話しかけてみましょう。今回も全員が１回はＡさん（またはＢさん）とＣさん、両方の役を演じます。

● あなたがＡさん（またはＢさん）役をやったとき、話しかけてきたＣさんに対してどんな気もちになりましたか。自分が感じたことに〇をしましょう（いくつでも）

①	気を使ってくれているんだとわかった。
②	ていねいすぎると思った。
③	用事があるんだとわかった。
④	それでもやっている最中に話しかけられるのは少しいやだった。
⑤	Ｃさんがそこにいることに気づきやすかった。
⑥	

まとめ

81 探ていビンゴ

「友だちとのおしゃべりが苦手なわけではないけれど、自分からだれかに話しかけることは苦手…」。そんな人は多いかもしれません。この探ていビンゴはいろいろな人に積極的に話しかけられると、早く達成（ゴール）することができる遊びです。よく知っている人同士でも、まだあまり仲良くなっていない人同士でもできる、この遊びを通して、自分から話しかけることをたくさんやってみましょう。

探ていビンゴ（おすすめの人数8人～、大人も入ると盛り上がります）

ゲームのやり方

①各自、お題シートの中から9枚選んで、台紙（p.192）にはります。
②参加者が教室内を歩き回り、出会った人と質問をお互いに1回ずつしあう（バインダーや下じきを使いましょう）。そのときに、台紙の下の「質問しあうときのことば」を必ず言います。
③こちらの質問に相手が「はい」と答えてくれたら、台紙上の、その質問のマスには大きく〇をし、その人の名前を書きます。「いいえ」と言われた質問は、そのままにしておいて、その質問はあとで別の人にしてもよいです。
④おたがいに質問をし終えたら、次の相手を探してまた歩き回ります。
⑤あらかじめ決めておいた人数（8人中4人など）がビンゴ（〇がたて、横、ななめのどれか1列にそろうこと）になったら終了。

〈お題シート例〉

きょうだいはいない	ペットを飼っている	走ること（長距離でも短距離でも）が得意	学校で泣いたことがある
弟または妹がいる	大人になったら、やってみたい仕事がある	ローマ字入力（タイピング）がすらすらできる	鉄道がすき（または、すきだった）
兄または姉がいる	工作や絵をかくことがすき	ほうちょうで、野菜やくだものの皮がむける	おこづかいもらったらすぐに使いたいタイプ
学校でえんぴつや消しゴムをよくなくす	家で担当が決まっているお手伝いがある	班長やリーダーになるのがすき	運動系の習い事をしている
人前で話すのが苦手（きんちょうする）	ふとんに入ったらすぐに眠れる	いやでいやでたまらない授業がある	学習系の習い事をしている

82 うれしい気もちを伝えよう

　楽しいことやうれしいことをだれかに話したいのはふつうのことです。だいたいの人は「すごいね！」「いいな〜」と言って聞いてくれるでしょう。だれかに「話したいな」「聞いてほしい」と思うことがあるのは、とてもいいことです。

❶だれかに話したいと思う最近のあなたの経験（こんな場所に行った、こんなおもしろいことが起きた、こんなものを見たなど）を書きましょう。

いつ	どんなことがあった？

❷だれかに話したいと思う、あなたが最近できるようになったことやがんばっていること（〇〇ができるようになった、〇〇があと少しでできそう、今度〇〇検定を受けるなど）を書きましょう。

なにを	どんなふうにがんばっている？

❸下にあるようなことを少しだけ気にして、自分の伝えたいことを伝えられると楽しい会話になるでしょう。〈ヒント〉のことばを入れてみましょう。

　気にしたほうがいいこと❶
　　その相手とは（　　　　　　　　　　　）いろいろなことを話しているかな。
　　あまり話したことのない人に、いきなり「すごいでしょ〜？」と話をすると、びっくりされるかもしれません。「すごいでしょ〜？」の話は、ふだんから話している人にするようにしよう。

　気にしたほうがいいこと❷
　　相手は、今、（　　　　　　　　　　　）をしていないかな。
　　「ねえ聞いて」「あのさ〜」などと話しかけてみて、相手が今なにをしているか確認してみよう。

　気にしたほうがいいこと❸
　　その相手は（　　　　　　　　　　　）に聞いてくれているかな。
　　表情や声の調子などを見て、楽しくなさそうだったら、その話をし続けるのはやめにしよう。

　気にしたほうがいいこと❹
　　その相手の（　　　　　　　　　　　）も自分は聞いているかな。
　　相手も話したいことがあるかもしれないよ。「そういえばぼくもさ〜」のように相手が言ったときは聞くようにしよう。

〈ヒント〉　　ほかのこと　　楽しそうに　　ふだんから　　話していること

83 ほめられてうれしいときは…

次の文を読んで、考えてみましょう。

　朝の会のとき、先生が、「Aさんの作文が、コンクールにおうぼするクラスの代表に選ばれました！　これで2回目だね。よくがんばりましたね」と言ってくれました。まわりにいたクラスメイトたちも、Aさんのほうに注目し、「わあ、すご～い」「さすがだね～」「おめでとう」など、言ってくれました。Aさんは、作文を書くことをがんばり、「また、選ばれるといいな」と、きたいしていたので、とてもうれしい気もちになりました。

❶うれしい気もちを伝えたいAさんですが、どのような伝え方がよいでしょうか。あてはまる番号の前に○を書きましょう。○はひとつとは、かぎりません。

	①	「作文なんて、かんたんにできるよ！」
	②	ことばは、何も言わず、笑顔でいる
	③	「ありがとうございます。えらばれて、おどろいたけど、うれしいです」
	④	「がんばったので、とうぜんのけっかだと思います。でも、うれしいです」
	⑤	立ち上がって、「よっしゃー！」と大きな声でさけぶ
	⑥	

❷ ＿＿＿＿番を選んだ、りゆうを書きましょう。

❸ ＿＿＿＿番を選ばなかった、りゆうを書きましょう。

❹自分がうれしかったことを話したいときは、どんなことに気をつけて話すといいでしょう（❷❸も参考にしてみましょう）。

159

84 よく知らない人に言い続けても…

次の文を読んで、考えてみましょう。
　Aさんは、誕生日にずっとほしかったゲームを買ってもらってうれしくて仕方がありません。これからお母さんと一緒に、妹（Bさん）を妹の友だちのCさんの家にむかえに行きます。

Aさんのお母さん：「こんにちは、Bを迎えに来ました。どうもありがとうございました。」
Cさんのお母さん：「あらあら、どうも。お兄さんも来てくれたのね。はじめまして。ご苦労さまね」
Aさん：「こんにちは、実はぼく、誕生日にゲームを買ってもらったんです。ずっとほしかったやつで…すごくうれしくて」
Cさんのお母さん：「それはよかったわね」
Aさん：「なかなかクリアできないところがあったんですが、昨日できてすごくうれしくって…買ってもらって本当によかったんです。それでね…」
Cちゃんのお母さん：「そう…おやついっしょに食べていく？」
Aさん：「そのゲームのキャラクター見ますか？ クリアしたところ見たいですか？」
Aさんのお母さん：「A！」

質問1　「そう…おやついっしょに食べていく？」このときのCさんのお母さんはどんな気もちでしょう。
・Aさんにおやつを食べて欲しい　　・悲しい　　・怒っている　　・困っている

質問2　どうして「おやついっしょに食べていく？」といったのでしょうか。

①	おいしいおやつだからAさんに食べてほしいと思った
②	言葉使いがていねいないい子だと思ったから
③	Aさんがお腹がすいているのではないかと思ったから
④	話を変えたいと思ったから

質問3　Aさんのお母さんが「A！」といった後にどんな続きが考えられますか。

「A！
　　　　　　　　　　　　　　　　　　　　　　　　　　　　　　　　　　　　　　　」

まとめ

85 テーマパークに行ってきた話を聞いて！

次の文を読んで、考えてみましょう。

　日曜日、Aさんは大好きなテーマパークに行きました。期間限定のグッズを買ってもらったり、好きなキャラクターといっしょに写真を撮ったり、パレードを見たりと、とても楽しい一日でした。
　次の日の月曜日、テーマパークでの一日がどれだけ楽しかったかを、友だちのBさんに話しました。朝の登校班で歩いているとき「あのキャラクターを目の前で見られて、とてもうれしかった！」「最高の一日だった！」と笑顔で話すAさんに、Bさんも笑顔で「良かったね！　いいなぁ」と答えてくれました。中休みのときもAさんの話は止まりません。「限定のグッズを買ってもらえたんだ」「パレードよかったよ、あれは見るべきだね！」。Bさんは「そうなんだー」と次の授業の準備をしながら言いました。昼休み、給食を食べ終わってすぐAさんはテーマパークの話をBさんに聞かせます。「写真を見に来るといいよ！」「買ってもらったグッズを見せてあげる」など、ずっとしゃべり続けていました。「…考えておくね」と言ったBさんでしたが、段々そっぽを向いて何も言ってくれなくなりました。

質問1　Bさんの反応からBさんはどんな気もちだったと思いますか？

①朝の登校班のとき　「へえ、良かったね！　いいなぁ」
②中休みのとき　「そうなんだー」
③昼休みのとき　「…考えておくね」

質問2　自分の話をたくさん聞いてほしかったAさんですが、直したほうがいいところや、気をつけたほうがいいことはありますか。

質問3　自分の話を一方的にしすぎてしまったと、気づいたときには何と言うのが良いでしょうか（いくつでも）。

①	「つい、楽しかったから話し過ぎちゃった。ごめんね」
②	「こんど、そのグッズを見に来てね」
③	「Bさん、話はもうおしまいにするけど私の話を参考にしてね」
④	「すごく楽しかったから、今度一緒に行こうね」
⑤	「私ばっかりしゃべっちゃった。聞いてくれてありがとう」

まとめ

86 自分が気にならなくても

　小学4年生、5年生くらいの年れいになったら、身だしなみに気をつけられるといいですね。身だしなみとは、自分の服そうや見た目をきれいにしておくことです。身だしなみを気にしなくても、勉強にも遊びにも困ることはありませんが、家の外に出るときや、家族以外の人とすごすときには、とても大切なことです。下の2つのお話を読んで、Aさんにアドバイスをするとしたら、どんなことか考えてみましょう。

❶ 5年生のAさんは、最近、お母さんから「学校に行く前くらいは、鏡で自分の顔や髪の毛を見なさい。そのまま行ったらわらわれるよ」と言われています。でも、Aさんはあまり気にしていません。「ねぐせがついていても、何もぼくは困らない」「顔が汚れていても、気づいたときにふけばいい」と考えています。

● Aさんに伝えたいことはどんなことですか？

①寝ぐせがついていると
②顔が汚れていると

と思われてしまうよ。

❷ 夏休みのある日の午前中、Aさんは、友だちと公園で遊びました。家に帰ったAさんが汗をかいていたのを見て、お母さんは「シャワーをあびて着がえなさい」と言いました。でも、Aさんはそのまま扇風機にあたってゲームをしました。その日の午後、塾があったので来ていたシャツのまま自転車で塾に行きました。塾についたら、顔にも体にも汗をかいていましたが、ハンカチがなかったので、汗は流れるままにしておきました。

● Aさんに伝えたいことはどんなことですか？

③汗をかいた後、着がえないと
④汗をかいているのにふかないと

と思われてしまうよ。

まとめ

87 なぜか相手をおこらせてしまうAさん

Aさんは、自分でもわからないのですが、友だちをおこらせることがあるようです。自分では意地悪を言っているつもりもないし、おこらせようと思っているわけではありません。あなたはAさんと似たようなことはありますか？

❶自分もそういうことを言ってしまうことがあると思ったら〇、そういうことは言わないなと思ったら△をつけてみましょう。

①	友だちの持っているものが変だと思ったら「それ変だね」と言う。
②	「これ難しいな〜」と言っている人に「そんなの簡単だよ〜」と言う。
③	意見が対立したとき「私のほうが絶対正しい」と言う。
④	がっかりしている人に「そんなに落ち込むことじゃないでしょ」と言う。
⑤	学校を休んだ友だちに「きのう休んだね。なんで？」と聞く。

❷Aさんは、仲のよいBさんに相談したところ、Bさんは以下のようなことを提案してくれました。Aさんへのアドバイスです。（　　）にあてはまる言葉を〈ヒント〉から選んで書いてみましょう。

①	相手を（　　　　　　　　　　）ことであれば、思い浮かんでも言わない。
②	「これ難しいな〜」と言っている人がいたら「そうだよね」「たしかに」など、（　　　　　　　　　）を伝える。
③	意見が対立したときは「私の意見はちがうけど、あなたの意見もいいね」など、と言い、相手の意見も（　　　　　　　　　　）。
④	がっかりしている人には「つぎ、がんばろう！」と、（　　　　　　　　　　　）のことばを言う。
⑤	学校を休んだ友だちがいても、その人が自分から理由を言わないときは（　　　　　　　　　　）。

〈ヒント〉　わざわざ聞かない　共感(きょうかん)のことば　尊重(そんちょう)する　はげまし　傷つけるかもしれない

まとめ

88 なぜ言わないほうがいいの？本当のことなのに①

　だれかと話をしていて、気づいたことや気になることがあったとしても、言わないほうがよいことがあります。それを言うことで相手をいやな気もちにさせることもありますし、相手が気にしていることかもしれません。でも、「これはわざわざ口に出す必要があることかな」と考えるようにすると、相手をおこらせたり、「失礼な人だな…」と思われずにすむでしょう。

　つぎのいろいろな場面を読んで、その言葉を言わないほうがいい理由と、言うとしたらどんなことならよいかを考えてみましょう。

❶体の細い友だちに「きみ、やせてるよね〜。うらやましいよ」と言う。

①言わないほうがいい理由

②どうしても、体型をほめるとしたらどんな伝え方がいい？

❷「○○の映画、見たけどおもしろかったよ〜」と言ってきた友だちに、「前はぼくも○○、すきだったけど、もうすっかりあきたよ。子どもっぽくない？」と言う。

①言わないほうがいい理由

②その子に返事をするとしたらどんなことがいい？

❸友だちのお母さんがくれたおかしを「こういう味のおかしはすきじゃないので、いりません」と言う。

①言わないほうがいい理由

②正直に言う代わりにできることや言い方も変えるとしたら…

89 なぜ言わないほうがいいの？本当のことなのに②

　だれかと話をしていて、気づいたことや気になることがあったとしても、言わないほうがよいことがあります。それを言うことで相手をいやな気もちにさせることもありますし、相手が気にしていることかもしれません。でも、「これはわざわざ口に出す必要があることかな」と考えるようにすると、相手をおこらせたり、「失礼な人だな…」と思われずにすむでしょう。

　つぎのいろいろな場面を読んで、その言葉を言わないほうがいい理由と、言うとしたらどんなことならよいかを考えてみましょう。

❶担任の先生が「急いで書いたから、黒板の文字がきたなくなっちゃった」と言ったので「先生の字は本当に読みにくいです」と言う。

①言わないほうがいい理由

②先生に返事をするとしたらどんなこと？

❷家族の用事で出かけたお寺で線香のにおいがしたので「この変なにおいは何ですか」とお寺の人に聞く。

①言わないほうがいい理由

②においについて質問するとしたら、どんな聞き方がいい？

❸けがや病気には見えない子が、病院に行くという理由で早退しようとしているとき「なんのために病院に行くの？」と聞く。

①言わないほうがいい理由

②その子に何か言うとしたらどんなことがいい？

90 ひそひそ話をされた子の気もちは

次の文を読んで、考えてみましょう。
　Aさん、Bさん、Cさんは仲よし3人組です。
　ある日の休み時間のことです。AさんがBさんに声をかけました。「ねえ、ねえ　Bさん…あのね、あのね…」なにやら楽しいことをひそひそ話で教えているようです。Bさんも、うんうんと楽しそうにうなずいています。そこにCさんがやってきました。Aさんは、Cさんがこっちを見て、話したそうにしているのに気づきました。でもAさんは、そのままBさんに話しつづけています。Cさんは、下を向いてしまいました。

❶Bさんと話しているときのAさんの気もちは…
　・うれしい　・たのしい　・かなしい　・おこりたい　・こまっている　・はずかしい

●それをえらんだ理由をおしえてください

❷Cさんが近くにきたときのAさんの気もちは…
　・いやだな　・どうしようかな　・こまっている
　・①のときの気もちとおなじ　・まだまだ話していたい

●それをえらんだ理由をおしえてください

❸AさんとBさんが話しているのを見ているCさんの気もちは…
　・いやだな　　・うれしい　　・かなしい　・おこりたい
　・こまっている　・はずかしい　・わくわく

●それをえらんだ理由をおしえてください

❹このおはなしを読んで友だちと話すときには、どんなことに気をつけるといいと思いますか。

91 プレゼント交かんのマナーとは

次の文を読んで、考えてみましょう。

　Aさんの行っている習い事で、クリスマス会がありました。プレゼント交かんをすることになっていたので、Aさんも決められていた金額のおかしのつめ合わせをプレゼントとして買って、ラッピングをして持っていきました。「ぼくのプレゼントは大きいし、きれいだからこれがあたった人は喜ぶだろうな〜。ぼくがこれをほしいくらいだよ」と思いました。
　プレゼント交かんが終わり、Aさんの選んだプレゼントはBさんにあたり、Bさんは「いいのが来た〜」と言ってAさんの思った通り喜んでくれています。Aさんのところには、小さな包みでした。ふくろを開けなくても、中身はノートとペンのようなものだとわかったので「なんだよ！小さいのが来たよ。自分の持ってきたのが自分のところにくればよかったのに！」と、大きめの声で言いました。そんなAさんの様子を悲しそうにCさんが見ていました。

❶このお話を読んだ感想や、自分のプレゼント交かんの経験をお互いに話してみましょう。

❷Cさんが悲しそうだったのはなぜだと思いますか。

❸プレゼント交かんのときに、やってもよいことに〇、やらないほうがいいことに×、どちらともいえないものに△を書きましょう。×や△になったものについては、理由をほかの人と話してみましょう。

	①	どれが自分の持ってきたプレゼントかをみんなに言う
	②	決められた金額よりも多めのお金をかけてプレゼントを買う（例えば500円までと決められていたのに1000円分買っていく）
	③	金額は守るが、できるだけ大きいものを選んで買っていく
	④	自分にあたったプレゼントに「やったー」「うれしいな」と言う
	⑤	お店で買わずに、家にあったもの（つかっていないノートなど）を包んで持っていく
	⑥	だれかにあたったプレゼントが、自分のほしいものだったので「ぼくにあたったプレゼントと交かんしてくれない？」とたのむ

まとめ

92 知っているゲームのルールだと聞こうとしない

次の文を読んで、考えてみましょう。

　学校の休み時間のことです。
　Aさんは、Bさん、Cさんといっしょにトランプをしようとしています。「じゃあ、まずルールの確認からだね。Cさん……」とBさんが話し始めようとしたらAさんは「ルールはわかっているから早く始めて」と、Bさんの話をやめさせようとしました。Bさんがあわてて「待ってよAさん。Cさんはこのトランプゲームをやったことがないんだよ」と言いました。「そんなの関係ないよ。ぼくはそのルールを知っているから。Cさんもやりながら覚えなよ。はい、Bさんくばって」とAさんは答えました。

❶ Aさんはなぜ Bさんの話（ルールの確認）をやめさせようとしたのでしょう。また、あなたも Aさんのようにルールについての話を聞きたくなかったことがありますか。みんなで話してみましょう。

❷ Aさんが、すぐに始めようとしているのを見て、Cさんはどんな気もちだと思いますか。もし自分が Cさんだったらと考えてみましょう。

❸ 今回のように、「自分は知っているけれど、ルールを知らない人もいる」ときには、どのような態度や考え方がよいと思いますか。あてはまるものに〇をしてください。（いくつでも）

	①	説明を聞くのがいやなら、説明が終わったころに、みんなのところに来る。
	②	自分の知っているルールで合っているか確認するため、聞いておく。
	③	「Cさん、わからなかったら教えるよ」と声をかける。
	④	「Cさんはルールがわかるまでは、やらないで見ていて」と言う。
	⑤	ルールを知らない人がいたら、ちゃんと教えてあげたほうがそのあと、遊びやすくなる。
	⑥	ルールを知らない人がいてもおもしろいから、一番むずかしいルールでやりたいとみんなに言う。

まとめ

93 声をかける？　見守る？

「この子、困っているんじゃないかな」「このままだと困ることになるんじゃないかな」と思ったとき、助けようと声をかけるか、そっと見守るか、または何かちがうことをするか、その判断はむずかしいものです。はっきりとした正解はないでしょう。

このワークを通してそれを考えてみましょう。そして、いろいろな人の意見を聞いて、もし本当にそういう人を見かけたとき自分は何ができるかを心の中でリハーサルしておきましょう。

用意するもの

・出来事カード（p.193）をコピーして１枚ずつ切りはなしたもの

・対応カード（p.193）をコピーして１枚ずつ切りはなしたもの

人数：２人以上（１人は大人でもＯＫです）

一度に演じるのは２人、それ以外の人は演じている様子を見たり、感想を言ったりします。いくつかの場面が終わったら、演じる２人を交たいします。

ワークの進め方（ＡさんとＢさんの場合）

①Ａさんが、出来事カード→対応カードの順番で引きます。

②Ｂさんが、出来事カードに出てくる人を演じます。

（例：シャツが裏返しなのに気づいていない子）

③ＡさんがＢさんに対して、対応カードで出た内容のことをやってみます。

（例：カード（Ｂ）が出たので、Ｂさんの背中をちょんちょんとさわる）

＊カード（Ｃ）が出た場合は、Ａさんのことを見るだけの様子を演じ、そのあとで見るだけのほうがよい理由を考えて言ってみましょう。

＊対応カードに書かれたことを演じるのがむずかしい場合は、カードを引き直してもＯＫ

④今度は、Ｂさんがカードを引いて、ちがう場面をＡさんと演じる。

⑤いくつかの場面をやったあとで、ふり返りをしましょう。

●ふりかえり（いっしょにやった人：　　　　　　　　　　　　　　）

Aさん役を自分がやったとき、どうすればいいのかむずかしかった場面	
出来事カードをはる	むずかしかった理由や感想 （自分だったら、こうしてほしいということでもOK）

Bさん役をやったとき、いいなと思ったAさん役の行動やことば	
出来事カードをはる	Aさん役の人がやったり、言ったりしていた行動やことば

まとめ

94 気もちくらべシート

ある男の子の日記を読んで、下の活動をやってみましょう。

きのう、ぼくは公園でダンゴムシを見つけました。ぼくは虫が大好きなので10個ひろって家に持って帰りました。弟がダンゴムシを見て「（　　　　　　）。ぼくにもさわらせて。ダンゴムシは石の下が好きだから、虫かごに石を入れよう」と（　　　　　　）です。お母さんはぼくたちのようすを見て（　　　　　　）な顔をしました。「へやの中に出てきたらどうするの？　公園にもどしてきなさい」と言いました。弟は「こんなかわいいダンゴムシなのに」と（　　　　　　）な顔で言いました。

〈ヒント〉　すごーい　　いやだ〜（気持ち悪い）　　なにそれ〜（きたない）
　　　　　うれしそう　　めいわくそう　　かなしそう

同じものを見ても、同じことをしても人によって感じることはちがいます。
自分はどう感じるか、ほかの人はどう感じるかゲームをやってみましょう。

人数：2〜3人でやるとよいです

用意するもの

①ことばカード（人数分コピーして、1枚ずつ切りはなしたもの）
②気もちくらべシート（p.194、色づけをし、一緒におこなう友だちの名前を記入したもの）

〈ことばカード〉

ダンゴムシ	オムライス	こんでいる電車	なわとび
へび	おすし	ひろい公園	てつぼう
ちょうちょ	からいカレー	ゆうえんち	とびばこ
てんとうむし	ピーマンのにくづめ	ボウリング場	かけっこ

ゲームの進め方

① 全員がことばカードを1セットもらい、大人が1枚ずつカードを読んでいきます。
② その読まれたカードを、自分用の気もちくらべシートに置き、のりで貼りましょう。
③ ①②をくり返す。

95 ていねいな言葉に言いかえてみよう

　人と話すときはていねいに話したほうがいい場合（相手）と、ていねいに話すと逆におかしい場合（相手）があります。ちょうどいい言い方をこのワークで練習してみましょう。

●ちょうどいい言い方になるように、言いかえてみましょう。

①クラスで4人のグループに分かれて、国語で学んだ物語の感想を話している時、自分が言う順番になったので「そうですね。わたしはこの物語にはとても感激いたしました」と言う。

⇒

②校庭にいた上級生（知らない人）が、ボールを取って投げ返してくれたので「サンキュー！」と言う。

⇒

③公園で年下の子と遊んでいる時に「ぼくはそろそろ宿題にとりかからねばならないから、お先に失礼します」と言う。

⇒

④お年玉をくれた親せきのおじさんに「心からかんしゃします。まことにありがとうございます」と言う。

⇒

⑤学校から帰るとき、たんにんの先生に「また明日ね～」と言う。

⇒

まとめ

・ふつう、年上の相手には「です」「ます」をつけたりして、ていねいに話します。なぜなら「～だよ」や「～ね」だと「なれなれしい人」「失礼な人」と思われてしまうからです。
・年上でも、すごく仲の良い子には「です」「ます」をつけないことがあります。
・おじいちゃん、おばあちゃんやその他の親せきに対して、「です」「ます」をつけて話すかはケースバイケース（そのときによる）です。
・クラスの友だちや年下の子に「です」「ます」を使うと、かたくて少しつめたい感じがします。

96 この人にはどんな言い方？①

　Aさんは、友だちと遊園地に出かけました。そこで、シューティングアトラクションをし、30人中2位の高得点だったので、記念メダルをもらいました。このことが、うれしかったので、「先生」「クラスメイト」「自分の弟（4さい）」に、話そうと思います。誰に対して、どの話し方がちょうどいいと思いますか。□の中に㋐㋑㋒のあてはまる記号を書きましょう。

97 この人にはどんな言い方？②

Aさんは、小学1年生のころからスイミングを習っていましたが、大会では、いつもBさんに負けていて、くやしい思いをしていました。けれども、5年生の大会で、はじめてBさんに勝って、優勝できました。

このことが、うれしかったので、「先生」「クラスメイト」「自分の弟（4さい）」に、話そうと思います。それぞれの相手にちょうどいい話し方を考えて、ふきだしの中に書いてみましょう。

先生：

クラスメイト：

弟（4さい）：

まとめ

98 ていねいすぎるとかえって

次の文を読んで、考えてみましょう。

　小学5年生のAさんは、学校の休み時間には静かに読書をするのが一番好きです。でも、昨日はめずらしく校庭でBさんたちとおにごっこをしました。休み時間に校庭で遊んだのは5年生になってから初めてのことでした。楽しくて汗だくになって遊びました。
　今日もBさんが来て「Aさん、今日もいっしょに遊ばない？今日はドッジボールしようよ」と言われました。でも今日は読書をしたかったので「Bさん、すみません。今日は読書がしたい気分なんですよ」と言って断りました。Bさんは、なんだかさびしい感じがしました。そして「Aさんとは、昨日でなかよくなったと思ったんだけどな…」とつぶやいて、教室を出ていきました。

❶ どうしてBさんは今日もAさんをさそったのでしょう。想像してみましょう。

❷ ★のようにBさんが思ったのはどうしてだと思いますか。ほかの人や先生と話してみましょう。

❸ ☆のような、Aさんのていねいな言葉づかいは、悪いことではありません。Aさんはそういう言い方のほうが好きなのかもしれません。でも、クラスの友だちと話すときには、ていねいすぎないほうがよいでしょう。どうしてだと思いますか。（いくつでも）

	①	言われたほうの子が、「自分のほうがえらいんだ」と思うから
	②	年上ではない人に、ていねいに話すのはマナー違反だから
	③	よそよそしい（なかよくしたくないと思っている）感じがするから
	④	「まじめな人だね」と相手から思われるから
	⑤	ていねいすぎないほうが、気楽に話したり遊んだりできるから
	⑥	大人のようなマナーは、子どもに必要ないから

まとめ

99 会話をおもしろくするために
（冗談、誇張、比喩）

おしゃべりがすきな人は、みんなに自分の話を楽しんでもらえるように、いろいろ工夫して話をすることがあります。冗談、誇張、比喩などはその工夫の例です。

冗談　冗談とは楽しいふんいきにするためにふざけたり、相手をからかったりすることです。わざと反対のことを言ったり、ちょっとしたうそをいったりすることです。
＊冗談の所にアンダーラインを引いてみましょう。

> Aさん「ねーねー、消しゴムかしてー」
> Bさん「だめでーす」…少しして…「なんてねーうっそー。はいどうぞ」

誇張　誇張とはおおげさにいうことです。「話を盛る」と言うことがありますが、そのようなことです。
＊誇張の所にアンダーラインを引いてみましょう。

> Aさん「今日、やっとあのマンガの発売日だね」
> Bさん「何十年待ったんだろうね」

比喩　比喩とは似ているものに例えて説明することです。「まるで○○みたいだね…」と言うときと、それを省略して「○○だ」と言うこともあります。
＊比喩の所にアンダーラインを引いてみましょう。

> Aさんが鬼ごっこの後で「Bさんは足が速くて、なかなかつかまえられないよー。まるでチーターみたいだよ」
> Cさん　「Bくんはチーターだね！」

まとめ

冗談、誇張、比喩は本当のことかというと厳密には本当のことではありません。また、人によっては言われたくないな、と思うこともあるかもしれません。

これらを聞いたときは、「ふーん、おもしろくするために言っているんだな」と思い、気にしすぎないといいでしょう。わかりにくいときは「それって冗談だよね？」と確認してもいいでしょう。

また、使うときも極端だったりしつこいと、言われた人がいやな気もちになるので、どうしても使いたいときは注意しましょう。

100 冗談、誇張、比喩がふくまれた会話

「冗談、誇張、比喩」が含まれた会話です。どの部分が「冗談、誇張、比喩」なのか、また、本当は何が言いたかったのかを考えてみましょう。

---

❶-1 「冗談や誇張」の部分に線を引きましょう。
お母さん「Aの部屋って富士の樹海のようね。」
Aさん　「富士の樹海は富士山のふもとにあるんだけどなあ〜。
　　　　ぼくの部屋の上には富士山はないよ。お母さんは何
　　　　言っているんだ?!」

❶-2　線を引いたところは（冗談　誇張　比喩）です（○をする）

❶-3　その言葉を使って何を言いたかったのでしょうか？

```
　
```

❷-1 「冗談、誇張、比喩」の部分に線を引きましょう。
Aさん　　「遅れちゃった。」
B、Cさん「まったく、30分も遅刻するなんて。遅れるならメールと
　　　　　か電話とかしなよ。みんな心配したんだから…。」
Bさん　　「電波の届かない地下にでももぐっていたの？」
Aさん　　「…まさか、ぼくはモグラじゃないよ。」
Cさん　　「遊ぶ時間が減ったんだから、まずはあやまってよ。」
Aさん　　「…ごめん、ごめん。」

❷-2　線を引いたところは（冗談　誇張　比喩）です（○をする）

❷-3　その言葉を使って何を言いたかったのでしょうか？

〈⑩冗談、誇張、比喩がふくまれた会話〉

❸-1 「冗談、誇張、比喩」の部分に線を引きましょう。
　Aさんのお姉さんは中学生です。もうすぐテストがあるようで、毎日お母さんに「動画ばかり見ていないでテスト勉強を始めなさい」と言われています。夕飯がすんで、お姉さんがリビングでくつろいでいます。
お母さん　「また、そんなところでぼーっとしてるんだから。早く自分の部屋に行きなさい。」
お姉さん　「いいじゃん。食後は消化のためにゆっくりするのがいいらしいよ。
お母さん　「口答えばっかりして。前回のテストの後、次はがんばるって言ってたじゃない。」
お姉さん　「その話はもう100回聞いたよ…。」
Aさんはこう思いました「お母さんは100回もお姉ちゃんに同じことを言ったのか。それはお姉ちゃんが悪いよ」

❸-2　線を引いたところは（冗談　誇張　比喩）です（○をする）

❸-3　その言葉を使って何を言いたかったのでしょうか？

```
┌─────────────────────────────────────────┐
│                                         │
│                                         │
│ ……………………………………………………………………………………………… │
│                                         │
└─────────────────────────────────────────┘
```

❹-1 「冗談、誇張、比喩」の部分に線を引きましょう。
　Aさんは、家族旅行で香港(ほんこん)に行きました。にぎやかな街を歩いているとき、一緒にいたガイドさんが「香港は眠らない街と言われているんですよ」と教えてくれました。
Aさん：「にぎやかな街のことをそう言うのかな？　眠らないってどういうことだろう」と気になりました。

❹-2　線を引いたところは（冗談　誇張　比喩）です（○をする）

❹-3　その言葉を使って何を言いたかったのでしょうか？

```
┌─────────────────────────────────────────┐
│                                         │
│                                         │
│ ……………………………………………………………………………………………… │
│                                         │
└─────────────────────────────────────────┘
```

101 強調がよく伝わるのはどれ？

3つの文の中で、強調したいこと（下線）がよく伝わるかどうかについて、それぞれの文にしるしをしましょう。△になったものは、どこがわかりにくいか、大人やみんなと話してみましょう。

◎強調しているのだとよくわかる
○意味はわかるが、それほど強調は感じない
△意味がよくわからない

❶きのう家族で行ったレストランのカレーが<u>すごくからくて</u>…

①	水を何杯もおかわりしました。
②	おかわりできるかなぁと思いました。
③	口から火が出るかと思いました。

❷運動会のダンスはむずかしくて、<u>覚えるのが本当に大変で</u>…

①	家で動画を何十回と見ました。
②	何回もくりかえし家で練習しました。
③	ぼくは自分がプロダンサーなのかなと思いました。

❸行列のできるラーメン屋さんに、お父さんと1時間もかけて行ったけれど、「今日の分は売り切れです」と札が出ていました。<u>本当にがっかりして</u>…

①	「まじかよ～」と心の中でさけびました。
②	今日は夢にラーメンが出てきそうです。
③	帰り道、駅まで歩くのがいやでした。

❹きのう見たテレビのものまね番組が<u>最高におもしろくて</u>…

①	お腹がねじれて痛くなるくらい笑いました。
②	その日の夜はぐっすり寝られました。
③	ずっとゲラゲラ笑っていました。

102 なんて言ってもらいたいのかな？

それぞれの場面で友だちは、あなたになんて言ってもらいたいのかを考えて書いてみましょう。

❶「あー、きょうのテスト全然だめだったわー」

❷「きょう、めっちゃうれしいことがあったんだー！」

❸「今度の土曜、お母さんと買い物に行くんだー」

❹「今日、苦手な体力測定だー」

まとめ

人は、自分の気もちを聞いてほしくて話しかけてくることがあります。「楽しみだねー」や「いやだねー」などと言った共感的な（同じ気もちになること）ことばを伝えると、相手は「聞いてもらえてよかった」と感じます。

103 「言外(ごんがい)の意味」って？ 「暗黙(あんもく)の了解」って？

次の絵をみて、文を読み考えてみましょう。

〈場面A〉

〈場面B〉

❶〈場面A〉は、8時に待ち合わせをしているところです。約束に遅れてきた人に「20分すぎているんだけど…」と伝えたら、「そうですね」と言ってきた。このあとどうなる？

❷〈場面B〉朝礼が始まるところです。先生が朝礼台に上がったら、生徒はどうする？

〈場面A〉「20分過ぎているんだけど…」ということばは、「今は8時20分だ」という事実を伝えたいわけではなく、「遅刻しないでほしい」「遅刻したことを反省してほしい」「遅刻するなら連絡がほしい」などの気もちを伝えたかったのだろうと考えられます。このように、ただ、言葉通りの意味を受け取るのではなく、「言葉と場面から推測できる意味」のことを**「言外(げんがい)の意味」**と言います。

〈場面B〉「静かにしましょう」という指示がなくても先生に注目できるのは、「先生が朝礼台に上がる」＝「話を聞くために静かにして先生のほうを見る」というルールがあることをわかっているからです。このように、わざわざ言われなくても、その場にある決まりをわかることを**「暗黙(あんもく)の了解」**と言います。

❸〈ヒント〉から言葉を選んで（　　　）に書きましょう。
　「言外の意味」や「暗黙の了解」を知ることは、ふさわしいコミュニケーションや態度をとるために大切です。まず、自分がどういう（　　　　　　　　）にいるのかを考えましょう。そして、相手の（　　　　　　　）を考えたり、まわりの人の（　　　　　　　）を見て、言葉や行動を選ぶ練習ができるといいでしょう。

〈ヒント〉　　　　　気もち　　反応　　場面や状況

104 「ということで」「だいじょうぶ」って？

次の文を読んで、考えてみましょう。

Aさん、Bさん、Cさんが休み時間にトランプをしながら話しています。
Aさん「あー休み時間って、すぐ終わっちゃうよなー。こんど、家でたっぷりトランプやりたいよなー」
Bさん「そうだねー」
Cさん「やりたいよねー」
Aさん「きょうの放課後どう？」
Bさん「あーそろばんあり、あしたは？」
Aさん「おれがだめだわ、あさっては？」
Bさん「オッケー！ だいじょうぶ！」
Aさん「いいねぇ〜、Cさんも？」
Cさん「……？」（ニコニコしている）
Aさん「じゃっ、ということで！ けってーい！」
Cさん「？？」

質問1 3人の放課後に遊ぶ約束はきまったでしょうか。

　　・きまった　　　・たぶんきまった　　　・きまっていない

質問2 Aさんが言った「じゃっ、ということで！」とはどういう意味でしょうか。

質問3 Bさんが言った「だいじょうぶ」とはどういう意味でしょうか。

質問4 「だいじょうぶ」と言うことばは、場面によって意味が変わるときがあります。以下の場面ではどういう意味だと思いますか。

①Aさんはお母さんといっしょにBさんの家に行きました。Bさんのお母さんがAさんのお母さんに「コーヒーのおかわりいかがですか」と聞いたら、Aさんのお母さんは「あっ、だいじょうぶです」と言いました。このときAさんのお母さんは

　　・コーヒーのおかわりがほしい　　　・コーヒーのおかわりはいらない

②Aさんのお母さんとBさんのお母さんは新しくできたカフェに一緒に行こうという話で盛り上がっているようです。Bさんのお母さんが「来週の水曜日はどうかしら」と聞いたらAさんのお母さんは少し考えてから「えーと、だいじょうぶです」と言いました。このときのAさんのお母さんは

　　・来週の水曜日にカフェに行ける　　　・来週の水曜日にカフェに行けない

まとめ 相手の言いたいことがわかりにくいときは、「〇〇ってこと？」と確認してみましょう。

105 相手は今どんな気もち？

次の文を読んで、考えてみましょう。

1 放課後、次の日の小テストの範囲を知りたかったAさん。教室に残っていたBさんに「明日の小テストの範囲って、何ページ？」と聞いてみました。Bさんは「3〜5ページだよ！」と親切に教えてくれました。Aさんは「ありがとう〜助かったよ！」と言った後、「テスト、けっこう自信ある？」と続けました。Bさんは、時計を見ながら「いや、全然ないよ〜。今日このあと塾なんだ」とカバンに手をかけながら言いましたが、Aさんは「そうなんだ〜。やっぱりBさんて、いつも塾に行っているから成績がいいの？」と続けました。

❶今、Bさんはどんな気もちですか？

❷それはどんな様子からわかりますか？

2 ある日、CさんがDさんの家の部屋へ遊びに行くと、Dさんのお母さんがおかしとジュースを出してくれました。それから2人で2時間ほどテレビゲームで遊んでいると、Dさんのお母さんがDさんに「そろそろごはんにするよ」と声をかけながら、おかしとジュースの食器を片づけにきました。それを聞いたDさんはゲームのコントローラーを置きましたが、Cさんはまだゲームを続けようとしています。

❶今、Dさんのお母さんはどんな気もちですか？

❷それはどんな様子からわかりますか？

まとめ

106 家族との生活で

次の文を読んで、考えてみましょう。

〈場面A〉　Aさんは、学校が休みの日は一番に起きて、テレビを見たりしています。今日も起きてから1時間がたって、7時30分になりました。おなかがすいてきたAさんは、「みんな起きるの遅い!! 8時になるよ！」と大きな声で言って、まだ寝ているお父さんに「ねえ、おなかすいたからごはん作って！」と言いました。時計を見たお父さんは「も～、かんべんしてよ…」といいました。

●お父さんの言った「も～、かんべんしてよ…」ということばにはどんな気もちが表れているでしょう。

〈場面B〉　Aさんは学校から帰って、宿題をすませて時計を見るとおやつの時間です。ふと見ると、お母さんは具合が悪そうにソファーに横になっています。寝ているのかもしれません。「そういえば、お母さんはさっき頭が痛いって言っていたな」と、Aさんは思いました。でも、おやつを食べたいのでお母さんに言いました。「今日のおやつ、まだ？　今日はホットケーキが食べたいな」お母さんは目を開けて、ため息をつきました。

●お母さんのため息にはどんな気もちが表れているでしょう。

〈場面C〉　〈場面B〉の続き　頭が痛いのが治ったお母さんは、買い物に行くことにします。外はくもり、雨が降りそうな様子ですが、「洗たく物、よろしくね」と言って出かけていきました。Aさんは、「はーい」と返事をしました。留守番をしていると、雨が降ってきたみたいです。「あ、ふってきた」外には洗たく物があります。Aさんは特に何もしませんでした。帰ってきたお母さんはベランダの雨にぬれた洗たく物を見て「え～!!」と悲鳴をあげました！「よろしくって言ったのに!!」

●お母さんのいった「洗たく物、よろしくね」ということばは、どんな意味だったと思いますか？

〈㊱ やりとりを深めよう ことばのチップ〉

やりとりを深めよう　ことばのチップ

● **ことばのチップ**（厚紙に子どもの扱いやすい大きさに適宜拡大コピーして切り取って使ってください）

質問	質問	答え	答え	あいづち	あいづち	体験・感想	体験・感想
？	？	👄	👄	🙂🙂	🙂🙂	💡	💡
？	？	👄	👄	🙂🙂	🙂🙂	💡	💡
？	？	👄	👄	🙂🙂	🙂🙂	💡	💡
？	？	👄	👄	🙂🙂	🙂🙂	💡	💡
？	？	👄	👄	🙂🙂	🙂🙂	💡	💡
？	？	👄	👄	🙂🙂	🙂🙂	💡	💡
？	？	👄	👄	🙂🙂	🙂🙂	💡	💡
？	？	👄	👄	🙂🙂	🙂🙂	💡	💡

お題リスト

好きな給食	焼き肉とお寿司どっちが好き	北海道と沖縄どっちに行きたい
100万円もらえるなら	好きな曜日	好きな授業
親によく注意されること	夏（冬）休みにしたいこと	いま一番ほしいもの
自分の宝もの	アルバイトするならどんな仕事	学校で好きな場所

〈㊻ ポイントをつかんで話そう　10文字早当てクイズ〉

〈お題の例〉

※そのまま、コピーして切り取ってカードにして、くじ引き形式で使うこともできます。

ガムテープ	わに	エコバッグ
花火	うどん	コンビニ
クレヨン	じゃがいも	ペットボトル
バスタオル	ストロー	スリッパ
キャベツ	リュックサック	ろうそく
トラ	シャワー	マンホール
さくらんぼ	うちわ	体育館
かき氷	虫歯	三輪車
どんぶり	ろうか	かげ
フライパン	ノート	ぞうきん
あせ	いか	ピザ
すいか	かがみ	地図
ベンチ	もやし	貝

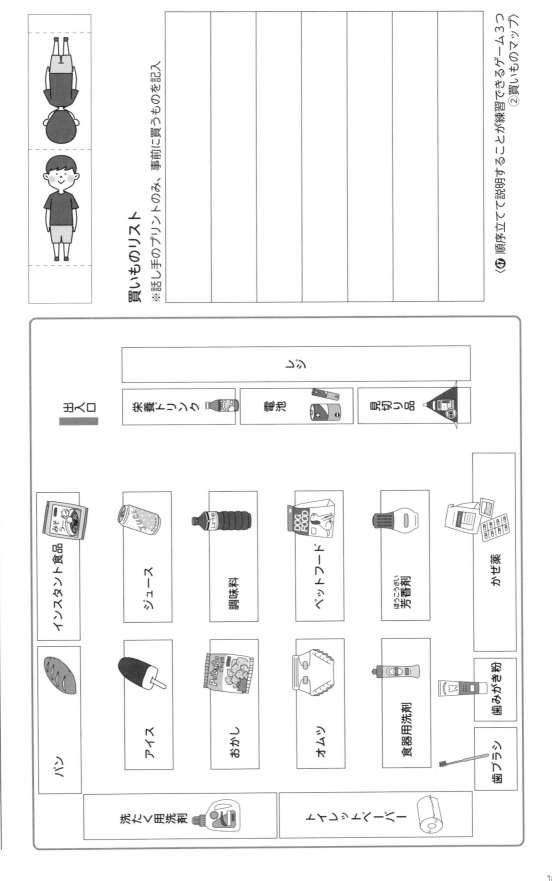

《㉖ 気もちの表現と読みとりが練習できるゲーム ひょうじょうごく》

〈❷ ちょうどよくあやまろう「ごめんなさいゲーム」〉

〈お題カード〉

※コピーして切り離して使ってください

ろうかですれちがうときに よく知らない子に 軽くぶつかった。 〈ごめんなさいレベル1〉	道をすれ違うときに 相手と2回も同じ方向に なってしまった。 〈ごめんなさいレベル1〉
公園での待ち合わせに 2分遅刻した。 〈ごめんなさいレベル1〉	友だちのえんぴつを 自分のとかん違いして 使ってしまった。 〈ごめんなさいレベル1〉
友だちが他の子と 話している途中に 気づかず話にわって入り、 相手が少し嫌な顔をしていた。 〈ごめんなさいレベル2〉	友だちの絵の具の1つが 自分の絵の具セットに 入っていたので それを返すとき。 〈ごめんなさいレベル2〉
教しつそうじのとき、 床をはいていたほうきが 友だちの足にぶつかり 「いって〜」と言ってる。 〈ごめんなさいレベル2〉	友だちとの約束を 3回も続けて 忘れてしまった。 〈ごめんなさいレベル3〉
友だちがとても 大切にしていた本を まちがってやぶってしまった。 〈ごめんなさいレベル3〉	きのう、しめ切りだった 手紙をきょうも 忘れてしまったことを 先生に言いに行く。 〈ごめんなさいレベル3〉

〈❸ いろいろなありがとうの伝え方「ありがとうゲーム」〉

〈お題カード〉

※コピーして切り離して使ってください

消しゴムを落とした。
となりの席の友だちが
拾ってくれた。

〈ありがとうレベル１〉

教科書を忘れた。
となりの子が見せてくれた。

〈ありがとうレベル１〉

友だちが帰りに
待っていてくれた。

〈ありがとうレベル１〉

図工のとき、
友だちが紙のはしを
おさえてくれた。

〈ありがとうレベル１〉

授業中、友だちが、
勉強でわからないところを
教えてくれた。

〈ありがとうレベル２〉

休んだ日に、
友だちがプリントを家まで
とどけてくれた。

〈ありがとうレベル２〉

お母さんが大好きな夕はん
（　　　　　　　　　　　）を
作ってくれた。

〈ありがとうレベル２〉

友だちから
誕生日にプレゼント
（　　　　　　　　　　　）を
もらった。

〈ありがとうレベル３〉

道に迷っていたら
親切な人が
教えてくれた。

〈ありがとうレベル３〉

放課後、残って友だちが
わからないところを
教えてくれた。

〈ありがとうレベル３〉

探ていビンゴ台紙

年　月　日　（　　　　　　）

（　　　　）さん	（　　　　）さん	（　　　　）さん
（　　　　）さん	（　　　　）さん	（　　　　）さん
（　　　　）さん	（　　　　）さん	（　　　　）さん

《話しかけることば》

「こんにちは」「あの、すみません」[質問ビンゴ、お願いします]と話しかけたり、「いいですよ」「OK！」「やりましょう」と返事をする。

どちらが先に質問するかもその場で決める。（「お先にどうぞ」「ぼくからでいい？」）

《⑪ 探ていビンゴ》

〈㉝ 声をかける？見守る？〉

出来事カード

シャツを裏返しで着て、 学校に来てた子 （まだ気づいていない）	休み時間はあと３分しかないのに、 今からくつをはいて 遊びに行こうとしている子
少しの差で運動会の リレーの選手になれず、 「あ〜あ」と言って下を向いた子	「前髪を切りすぎちゃった」と 言ってはずかしそうに している子
（図工の絵が） 「うまく描けなかったから 見ないで」と言っている子	休み時間にやらなければ いけない係（黒板を消す）を 忘れて本を読んでいる子
リコーダーが苦手そうで 困っている子	ふで箱を忘れたのか、 きょろきょろしている子
日直スピーチに向けて、 きんちょうしながら、 小さな声で練習している子	きのう、授業中に居眠りをして しかられたのに、 今日も居眠りをしている子

対応カード

(A) 声をかける	(B) ジェスチャー（動き）で 伝える	(C) 何もしない 何も言わない 見守るだけ

193

〈㉔ 気もちくらべシート〉

気もちくらベシート　　　　　　　　　　（　　　年　　月　　日）

＊色をぬってその濃淡で軽重を表します（好き、きらいをそれぞれ何色であらわしてもよいです）。

名前 _____

濃い色	徐々に薄く	濃い色
好き・とくい かいてき		きらい・にがて ふかい

●**ふりかえり**

いっしょにゲームをした人（　　　　　　　　　）（　　　　　　　　　）

①自分の好き、とくい、かいてきで友だちも好き、とくいなものが（多かった・同じくらいだった・少なかった）

②自分がきらい、にがて、ふかいで友だちもにがて、ふかいなものが（多かった・同じくらいだった・少なかった）

③人によって感じ方がちがうことが（よくわかった・少しわかった・あまりわからなかった）

ワークシートダウンロードのご案内

本書掲載のワークシートは、以下のリンク先よりダウンロードいただけます。
パソコンもしくはQRコードからアクセスしてください。

https://www.kamogawa-data.jp/book/13499/sst2jico.zip
パスワード：sst2jico
※パスワードは、すべて半角英字（小文字）です。

■ 使用上の注意
・スマートフォンではファイルが開かない場合があります。
・ワークシートファイル（PDF）を開くには、Adobe ReaderまたはAdobe Acrobatがインストールされている必要があります。
・PDFファイルを拡大して使用すると、文字やイラストなどが不鮮明になったり、線にゆがみが出たりする場合があります。

■ 著作権について
・収録されているワークシートは、著作権法によって守られています。
・著作権法での例外規定を除き、無断で複製することは法律で禁じられています。
・収録されているファイルは、営利目的であるか否かにかかわらず、第三者への譲渡、貸与販売、頒布、インターネット上での公開などを禁じます。ただし、購入者が学校や個別の指導などで必要枚数を児童に頒布することは、この限りではありません。

■ 免責事項
収録ファイルの使用によって生じた損害、障害、被害、その他いかなる事態についても弊社は一切の責任を負いかねます。

■ お問い合わせについて
・ダウンロードに関するお問い合わせは、http://www.kamogawa.co.jp/contact.html から件名を「ワークシートのダウンロードについて」としてください。
・パソコンやアプリケーションソフトの操作方法については、各製造元にお問い合わせください。

著者一覧

● **安住　ゆう子（あずみ　ゆうこ）**
東京学芸大学大学院修士課程学校教育専攻　発達心理学講座修了／ NPO フトゥーロ LD 発達相談センターかながわ所長／公認心理師／特別支援教育士 SV

● **三島　節子（みしま　せつこ）**
東京学芸大学教育学部卒業／ NPO フトゥーロ LD 発達相談センターかながわ／公認心理師

● **芳賀　亮一（はが　りょういち）**
成蹊大学文学部英米文学科卒業／ NPO フトゥーロ LD 発達相談センターかながわ／公認心理師／特別支援教育士

● **藤村　愛（ふじむら　あい）**
明星大学大学院人文学研究科 心理学専攻 修士課程修了／ NPO フトゥーロ LD 発達相談センターかながわ／臨床心理士

● **稲垣　智子（いながき　さとこ）**
桜美林大学大学院心理学研究科　臨床心理学専攻修士課程卒業／ NPO フトゥーロ LD 発達相談センターかながわ／公認心理師／臨床心理士

● **森安　裕江（もりやす ひろえ）**
横浜国立大学人間教育科学部特殊教育特別専攻科　知的障害教育専攻修了／ NPO フトゥーロ LD 発達相談センターかながわ／保育士

● **古畑　僚（ふるはた　りょう）**
筑波大学人間総合科学学術院人間総合科学研究群　障害科学学位プログラム博士後期課程修了／ 法政大学現代福祉学部臨床心理学科　助教／ NPO フトゥーロ LD 発達相談センターかながわ／博士（障害科学）／公認心理師／臨床心理士

あたまと心で考えよう SST（ソーシャルスキルトレーニング）ワークシート2
〜自己認知・コミュニケーションスキル編〜

2025年 4 月24日　初版第 1 刷発行

編　著／ⓒNPOフトゥーロ LD発達相談センターかながわ

発行者／田村太郎

発行所／株式会社 かもがわ出版
〒602-8119　京都市上京区堀川通出水西入
☎075（432）2868　FAX 075（432）2869
振替　01010-5-12436

印　刷／シナノ書籍印刷株式会社

ISBN978-4-7803-1349-9 C0037　　　　　　　　　　　Printed in Japan

NPOフトゥーロ
LD発達相談センターかながわ

フトゥーロ（FUTURO）とは、スペイン語で未来（FUTURE）を意味する言葉です。

LD発達相談センターは、平成10年4月にLDやADHD、高機能自閉症やアスペルガー障害など、障害の程度は軽微であっても、周囲の適切な理解と対応が必要な方たちを主な対象とし開設されました。毎年定期指導利用者数は約300名、検査などでのご利用は400名ほどです。広域から来所されています。

■ 主な活動
1. 心理検査・教育相談
2. 療育的指導（小グループ指導や個別指導）
3. 余暇活動支援（サークル活動）
4. 幼稚園・保育園、学校への巡回相談
5. 幼児の子どもを対象とした児童発達支援事業
6. ワークシート、書籍の出版　　など

■ 刊行物
〈フトゥーロ発行〉
- 「子育てサポートブック」（幼児から小学生向け、中高生向け、自立に向けての3種類）
- 「学習ワークシート1～12」

〈かもがわ出版発行〉
- 『あたまと心で考えようSSTワークシート　自己認知・コミュニケーション編／社会的行動編／思春期編』
- 『ワーキングメモリーとコミュニケーションの基礎を育てる　聞きとりワークシート①②③』
- 『体験しながら育もう　実行機能力ステップアップワークシート　自立に向けてのアイテム10』
- 『自己・他者の感情理解を育てる　SSTカード教材気持ちチップ』
- 『読む・書く・話すの基礎を育てる　わくわくサイコロゲーム（音（音韻）編／仲間（カテゴリー）・お話編）』など

★活動の詳細はHP（https://www.futuro.or.jp/）でご覧いただけます。

〈連絡先〉

NPOフトゥーロ　LD発達相談センターかながわ
〒226-0025　神奈川県横浜市緑区十日市場町803-2　第一サンワード2F
TEL：045-989-3501　FAX：045-989-3502
E-mail：info@futuro.or.jp

聞きとりワークシート

ワーキングメモリーと
コミュニケーションの基礎を育てる

編著
NPOフトゥーロ
LD発達相談センターかながわ

コピーしてすぐに使える特別支援教育の教材！

聞きとりワークシートとは？

円滑にコミュニケーションをおこなう上で基本となる「聞いて、覚えて、応じる」ことをクイズやゲーム形式で楽しみながら練習できる特別支援教育の教材です。

読者対象
通級指導教室、特別支援級、通常学級、特別支援学校の先生や園の先生、親御さんなど。

① 言われたことを よく聞こう 編

ことばの音や、話の中の単語、キーワードの聞きとりなどについての問題を中心に構成され、5歳くらいから取り組めます。

144ページ／B5判／2014年10月刊
本体 1900円 +税

② 大事なところを 聞きとろう 編

話のポイントの聞きとりやメモの仕方、言われたことの覚え方のコツなどについての問題で構成され、小学校低学年くらいから取り組めます。

190ページ／B5判／2015年2月
本体 2200円 +税

③ イメージして 聞こう 編

会話の中の聞き取りや、省略したりことばでは言っていない部分も考えて聞く問題で構成され、小学校中学年くらいから取り組めます。

216ページ／B5判／2015年4月
本体 2200円 +税

この本の特徴

- コピーしてすぐ使えるので、実用的です。
- 基本問題以外にも、指導者がオリジナルで問題を作れるよう工夫されています。
- 著者たちが実際の療育の中で子どもたちに向けて作成、使用してきた実践的な教材です。
- 一対一の個別指導、小グループ、30人程度の通常級などさまざまな規模でおこなうことができ、短いものなら子どもへの実施時間は10分弱、やり取りを広げれば20分前後で実施できます。

SSTワークシート ソーシャルスキルトレーニング

大好評

思春期・編

4つのカテゴリーに分け124項目の課題を入れています。
使用対象●小学校高学年から中学・高校生

❶自己認知スキル

❷コミュニケーションスキル
- ■コミュニケーション態度を育てる
- ■ノンバーバルコミュニケーション
- ■相手の状況や気持ちの理解

❸社会的行動
- ■集団参加・ルール理解・集団における気持ちのコントロール
- ■提案・助言・共感・協力・主張

❹プランニング・自立に向けて
- ■計画する
- ■仕事を知る 他

978-4-7803-0288-2 C0037
B5判160頁 本体価格2000円

自己認知・コミュニケーションスキル・編

ISBN978-4-7803-0380-3 C0037
本体価格 1500 円

自己認知スキル
■自分や家族を紹介する・自分を知る
自己紹介のやり方／どんな気持ちがするのかな／一日をふりかえってみましょう／予定通りに終わらないのはなぜかな？

コミュニケーションスキル
■コミュニケーション態度を育てる
どうしてがまんしなくちゃいけないの？／授業中の態度は？／誰かが話を始めたら…／授業中、話しかけれたら

■会話を続ける・やりとりの流暢さ
わかりやすく話そう1（体験を話す）／いつ話せばいいの？／自分ばっかりしゃべらないで／上手な質問の仕方

■ノンバーバルコミュニケーション
ちょうどいい声の大きさ／同じ言葉でも言い方で意味がかわる／聞いてほしくないこと／人と話すときの距離は…

■相手の状況や気持ちの理解
年上の人にはなんて言えばいいのかな？／親切もほどほどに…／意見をゆずるのも大事／じょうだんで言ったこと

社会的行動・編

ISBN978-4-7803-0381-0 C0037
本体価格 1800 円

■集団参加
知っている人にあいさつをされたら／クラスのルールを守るって／そうじ当番／どうやって声をかける？／遊びからぬけるとき／予定があるのにさそわれたら／途中でぬけるのは…

■ルール理解・集団における気持ちのコントロール
一番がいい！／順番の決め方／一番ではなくてもいい理由／ジャンケンでタイミングよく出すには／ずるしていいの？／ルールを変えるのは？

■提案・助言・協力・共感・主張
一緒に遊びたいのに／上手な意見の伝え方／「いいよ」というのも提案のうち／友達を手伝うときは／給食をこぼしてしまった友だちに／会話に入ってこない友だちに／ケンカになりそうな友だちに／悪口を言われた友だちのかばいかた／上手な応援／友だちが怒られているときには／授業中わからなくなったら／係の仕事を忘れた友だちに／心配ごとやきんちょうがあるときは／あやまっても許してもらえないとき／注意の仕方を考えよう